LICHTSCHLAG 57

The Discrimination Myth

Website: discriminationmyth.com

Aus dem Englischen von Ulrich Wille

LICHTSCHLAG 57

Umschlag: Lichtschlag Medien Düsseldorf

Printed in Germany.

ISBN: 978-3-948971-00-7

MYTHOS DISKRIMINIERUNG

Freiheit, Ungleichheit und Vorurteile

Frank Karsten

Danksagungen

Ich danke Chris van Dijk, Neal Luitwieler, Koen Swinkels, Evelien Bruins, Karel Beckman, Reinier Spreen, Markjan Mul und Aaron Kahland für ihre Motivation und gute Ratschläge beim Schreiben. Alle in diesem Buch zum Ausdruck gebrachten Ansichten sind natürlich meine eigenen.

Inhalt

Einleitung

Nach zwei erfolgreichen Vorstellungsgesprächen bei einem Agrar-Großhändler in den Niederlanden war sich der 25-jährige Bas sicher, die Praktikumsstelle zu bekommen. Aber als der christliche Firmeninhaber erfuhr, dass Bas in einer homosexuellen Beziehung lebte, wurde er wegen seiner sexuellen Neigung abgelehnt. Als er dies öffentlich machte, brach in den sozialen Medien ein Sturm der Entrüstung los. „Sie gingen nicht danach, wer ich bin, sondern danach, was ich bin“, beklagte sich Bas. Er reichte eine Klage ein, und das Gericht verurteilte die Firma zu einer Geldstrafe von 1.600 Euro. Natürlich hat Bas die Ablehnung frustriert, aber sollte die Firma verpflichtet sein, ihn trotz der religiösen Überzeugungen des Inhabers einzustellen? Und was wäre gewesen, wenn Bas die Praktikumsstelle ausgeschlagen hätte, weil er nicht mit dem religiösen Glauben der Firma übereinstimmt?

Noch nie hat es so viel Getue um Diskriminierung gegeben wie heutzutage, während das Thema in der Vergangenheit kaum einmal aufkam. Die niederländische Stadt Breda führt jedes Jahr, unterstützt durch junge Männer, die Minderheiten angehören, einen Diskriminierungscheck in den örtlichen Bars und Clubs durch. Die Vereinten Nationen meinen, wir sollten statt von „schwangeren Frauen“ von „schwangeren Menschen“ sprechen, um Transgender-Personen nicht auszuschließen. Einer niederländischen Drogeriekette wurden vom Human Rights Council

Vorwürfe wegen angeblicher Diskriminierung gemacht, da eine ihrer Zweigstellen sich geweigert hatte, einen blinden Kunden persönlich durch den Laden zu geleiten.

Wehe denen, die sich dessen schuldig machen, was andere als Rassismus, Sexismus oder irgendeine andere Form von Diskriminierung betrachten. Einen indischen Akzent nachzumachen, einen sexistischen Witz zu erzählen oder einen Unterschied zwischen Bevölkerungsgruppen zu erwähnen, scheint, wenn man nach der Heftigkeit der Reaktionen geht, ein Kapitalverbrechen und das Vorspiel zu Hass und Gewalt zu sein. Eine diskriminierende Meinung zu äußern, kann eine Geldstrafe oder den Jobverlust zur Folge haben. Webseiten wie Facebook, Twitter, Mailchimp oder Patreon (eine Spendenplattform) können einem den Account löschen. Staaten können einem wegen diskriminierender Äußerungen die Einreise verweigern, selbst wenn man niemals wegen irgendetwas verurteilt wurde. In extremen Fällen kann man sogar im Gefängnis landen.

Viele versuchen daher mit allen Kräften, nicht zu diskriminieren, und machen sich Sorgen, ob sie das Richtige tun. Habe ich sichergestellt, dass wir genug Vielfalt haben? Habe ich irgendeine gesellschaftliche Gruppe gekränkt? Macht es mich zum Rassisten, wenn ich dies oder jenes sage? Immer mehr müssen wir uns wie auf rohen Eiern bewegen, um nicht der Diskriminierung bezichtigt zu werden.

Nichtsdestotrotz scheint es so, als ob gesellschaftliche Gruppen mehr denn je polarisiert werden, nicht nur sozial, sondern auch politisch. Politische Parteien geraten über dieses heikle Thema immer wieder aneinander. In den Vereinigten Staaten demonstrierten am Tag nach der Amtseinführung des „sexistischen Präsidenten“ Donald Trump Millionen von Menschen auf dem „Women's March“. Niemals zuvor in der amerikanischen Geschichte haben so viele Menschen am selben Tag für dasselbe Anliegen demonstriert.

Es ist gut möglich, dass der verbissene Kampf gegen Diskriminierung, der derzeit stattfindet, eher zu Spaltung als zu Eintracht führt. Es ist nicht gerade gut für unsere Gesellschaft und unsere Diskussionen, wenn Menschen, die einen unangebrachten Witz machen, Unterschiede zwischen Gruppen erwähnen oder einfach ihren Neigungen folgen, in die gleiche Kategorie wie Nazis oder Mitglieder des Ku Klux Klan gesteckt werden.

Wie ist es dazu gekommen? Gibt es in der Gesellschaft wirklich so viel Diskriminierung, oder wurde deren Definition ausgedehnt? Ist Diskriminierung wirklich so unmoralisch, und brauchen wir den Staat, um sie mit Geld- und Gefängnisstrafen zu bekämpfen?

Debatten über Diskriminierung sind heftig und emotional. Es gibt jedoch eine große Unsicherheit darüber, was Diskriminierung ist. Jeder scheint es sofort zu wissen, aber kaum jemand kann es richtig erklären. Offensichtlich bedarf es einer prinzipielleren Diskussion.

Dieses Buch wirft einen rationalen Blick auf dieses verachtete Phänomen. Es gibt eine Einteilung der verschiedenen Typen von Diskriminierung, es räumt mit Mythen auf und widerspricht tief verwurzelten Überzeugungen. Es bestreitet nicht, dass es Diskriminierung gibt, im

Gegenteil; aber es legt dar, dass viele soziale Unterschiede nicht notwendigerweise auf strukturelle Ausgrenzung und Marginalisierung zurückzuführen sind.

Dies ist auch eines der Handvoll von Büchern auf der Welt, die das Recht auf Diskriminierung verteidigen. Es tritt entschieden für die Vereinigungsfreiheit ein, die Freiheit von Individuen, selber zu entscheiden, mit wem sie Handel treiben, Umgang pflegen und ihre Zeit verbringen. Es legt dar, dass der Staat seinen Bürgern nicht verbieten sollte, Menschen auszuschließen – erstens, weil dies die individuelle Freiheit untergräbt, und zweitens, weil es kontraproduktiv ist. Darüber hinaus erklärt dieses Buch, wie jede Art von gut gemeinter staatlicher Politik in Wirklichkeit Diskriminierung fördert, und wie wir dies rückgängig machen können. Nur wenn wir dieses Thema auf rationale Art behandeln, können wir verhindern, dass gute Absichten zu schlechten Ergebnissen führen.

Dieses Buch richtet sich an alle Menschen guten Willens, die sich selber nicht als böse „Rassisten" oder „Sexisten" sehen, die aber glauben, dass solche Beschuldigungen oft zu leichtfertig erhoben werden. Menschen, die mit Schrecken auf Sklaverei und Kolonialismus zurückblicken, gleichzeitig aber glauben, dass beide die sozialen Unterschiede in der Gesellschaft unmöglich vollständig erklären können.

Eine Gedankenpolizei geht in der westlichen Welt um und überprüft jedermanns Handlungen und Äußerungen. Menschen zu beschuldigen, rassistisch, sexistisch, homophob und sonstiges zu sein, ist eine Technik, durch die militante Gruppierungen andere einschüchtern und zum

Schweigen bringen können. Dadurch haben diese Gruppen einen sehr viel größeren gesellschaftlichen und politischen Einfluss, als ihre geringe Größe es rechtfertigen würde.

Menschen, die einmal der Diskriminierung bezichtigt werden, wissen oft nicht, wie sie sich verteidigen sollen. Nur wenige trauen sich, sich für sie einzusetzen, weil sie befürchten, selber ebenfalls zum Ziel zu werden. Oft merken die Menschen nicht, dass diejenigen, die andere kritisieren, ihre eigenen Vorurteile verbergen, auch sie verallgemeinern und grenzen aus, aber andere Personen und aus anderen Gründen (siehe Mythos 7). Anscheinend gibt es Gruppen und Individuen in der Gesellschaft, die bestimmen dürfen, wann Diskriminierung gerechtfertigt ist und wann nicht, und das sind gewöhnlich die, die am lautesten schreien. Diejenigen, die auf diese Scheinheiligkeit aufmerksam machen, werden beschuldigt, der herrschenden Gruppe anzugehören, und haben daher kein Recht, sich zu äußern. Die Bezeichnung für dieses Phänomen ist „Identitätspolitik", der Gedanke, daß jemandes politische Meinung und das Recht auf Meinungsäußerung von seiner Identität als Mann oder Frau abhängen, von seiner ethnischen Zugehörigkeit, seiner Religion, seiner sexuellen Orientierung, und so weiter. Ironischerweise ist dies jedoch selbst rassistisch und sexistisch.

Dieses Buch unterstützt diejenigen, die sich wie geknebelt vorkommen, weil sie auch nur der unbedeutendsten Form von Rassismus oder Sexismus beschuldigt wurden. Es liefert die nötige Munition, um die Diskussion auf einer besseren Grundlage zu führen und in der Lage zu sein, allen Arten von übertriebenen Angriffen standzuhalten. Aber es richtet sich auch an Mitglieder der Gedankenpolizei, die Social Justice Warriors (SJW), die anscheinend nicht verstehen, dass ihr grimmiger Kreuzzug gegen Diskriminierung kontraproduktiv ist.

Disclaimer

Sie denken vielleicht, dass jemand, der ein Buch zur Verteidigung des Rechts auf Diskriminierung schreibt, wahrscheinlich ein hasserfüllter Mensch ist. Das ist nicht der Fall. Ich wünsche allen Menschen Respekt, Glück und Wohlergehen, unabhängig von ihrer Hautfarbe, Orientierung oder Geschlecht. Das Recht auf Diskriminierung zu verteidigen, ist etwas völlig anderes, als alle Diskriminierungen persönlich gutzuheißen. Wer das Recht auf freie Meinungsäußerung verteidigt, befürwortet ja auch nicht deshalb alle Meinungen.

Ich gestehe zu, dass ich als weißer, heterosexueller, nichtbehinderter, nichtreligiöser Mann weniger Diskriminierung erfahre als viele andere. Es würde mir also leichtfallen, den durch sie verursachten Schaden herunterzuspielen. Dieses Buch verteidigt Diskriminierung jedoch deswegen, weil ich denke, dass Vereinigungs- und Redefreiheit fundamentale Rechte eines jeden sein sollten.

Ein für viele noch überzeugenderes Argument wäre, dass Antidiskriminierungsgesetze kontraproduktiv sind; sie schaden denen, die sie zu schützen beabsichtigen. So legt dieses Buch zum Beispiel dar, dass Antidiskriminierungsgesetze die Arbeitslosigkeit bei Minderheiten und Frauen nur noch verschärfen.

Ungerechtigkeit existiert

Die Welt ist voller Ungerechtigkeit. Der eine wird mit einem Silberlöffel im Mund geboren, während ein anderer auf einer Müllkippe aufwächst. Ist es fair, dass eine Person behindert ist, während eine andere das Zeug zum Model hat? Natürlich nicht. Und die Ungerechtigkeit hört mit den unterschiedlichen Startpositionen des Lebens nicht auf. Menschen verhalten sich oft unmoralisch und grenzen andere aus Hass oder Neid aus, was sehr demütigend sein kann. Durch meine Verteidigung des Rechts auf Diskriminierung möchte ich nicht die Unredlichkeit und die Ungerechtigkeiten der Welt kleinreden.

Einige Gruppen werden öfter diskriminiert als andere. Wir haben nicht alle dieselben Eigenschaften. Leider hat Mutter Natur hoch angesehene Merkmale nicht gleich verteilt. Schöne oder kluge Individuen haben es gewöhnlich einfacher im Leben. Bedeutet dies aber, dass der Staat es deshalb Menschen verbieten sollte, Unterscheidungen aufgrund dieser Unterschiede zu treffen? Und darf der Staat diese Unterschiede abschwächen, indem er erfolgreiche Individuen zwingt, anderen Menschen, die weniger Glück hatten, etwas abzugeben? Das denke ich nicht.

Seien Sie höflich, vernünftig und gewaltlos

Wenn ich das Recht auf Diskriminierung verteidige, verteidige ich dann auch Beleidigungen und Fluchen? Sicher nicht. Ich glaube, dass es wichtig ist, höflich und respektvoll zueinander zu sein. Ich glaube jedoch, dass Beleidigungen legal sein sollten, unabhängig davon, ob sie diskriminierend sind oder nicht. Das heißt aber nicht, dass ich sie auch moralisch verteidige.

Des weiteren möchte ich niemanden ermuntern, mehr zu diskriminieren, als er es ohnehin schon tut. Ich empfehle, achtsam gegenüber Empfindlichkeiten zu sein, denn diskriminiert zu werden, kann sehr unerfreulich sein, besonders wenn es offen und direkt erfolgt. Auch wenn man ein Recht auf Diskriminierung hat, ist es weise, abzuwägen, ob der eigene Vorteil den Nachteil des anderen wirklich aufwiegt.

Grundsätzlich ist es nicht falsch, Vorurteile zu haben, sie können sehr nützlich sein, aber man sollte auch darauf vorbereitet sein, seine Meinung zu ändern, wenn die Tatsachen einen Grund dafür liefern, es zu tun.

Der Drang nach Gleichheit

In den 1950er Jahren kämpften amerikanische Aktivisten gegen Gesetze, die schwarze Passagiere zwangen, in Bussen hinten zu sitzen. Heute kämpfen Feministinnen gegen die Ungerechtigkeit, dass Hygieneprodukte für Frauen der Mehrwertsteuer („Tamponsteuer") unterliegen. Der Kampf für gleiche Rechte hat sich von fair zu absurd gewandelt.

Jeder, der mit dem egalitären Ideal nicht konform geht, ist in Gefahr, an den Pranger gestellt zu werden. Als der britische Wissenschaftler Matt Taylor im Jahr 2014 stolz im Fernsehen verkündete, dass sein ESA-Team eine Raumsonde auf einem Kometen hatte landen lassen, erreichte ihn eine Welle feministischer Kritik. Taylor hatte nichts Falsches gesagt, aber er war anstößig gekleidet, mit einem Hemd, auf dem sexy Frauen abgebildet waren. Die feministische Empörung war so groß („Diskriminierung von Frauen in der Technik"), dass Taylor sich öffentlich entschuldigte und sogar in Tränen ausbrach.

Es gibt eine Mob-Justiz im Internet, eine moderne Form der Inquisition, wo Menschen, die sich politisch unkorrekt geäußert haben, öffentlich ausgepeitscht werden. Die Gruppen, die ständig „Diskriminierung!" brüllen, verhalten sich oft wie Kleinkinder, die mit dem Fuß aufstampfen, schreien, dass sie unterdrückt werden, und Sonderrechte verlangen. Die „Täter" müssen öffentlich Buße tun, nachdem sie lautstark zu Rassisten, Homophoben oder Sexisten erklärt wurden. Die Gesellschaft ist schnell hypersensibel geworden. Jeder, der eine Verletzung seiner Gefühle geltend macht, scheint in einer Diskussion ein gültiges Argument anzubringen: „Ich bin beleidigt worden, also hast du unrecht."

Es scheint so, dass Mehrheiten oder erfolgreiche Gruppen nicht diskriminiert werden können oder dass ihre Diskriminierung nicht ernst zu nehmen ist. Diskriminierung scheint eine Einbahnstraße zu sein. Heterosexuelle, weiße, nichtbehinderte Männer können immer noch gefahrlos diskriminiert oder beleidigt werden. Sie werden als die Unterdrücker angesehen, die andere daran hindern, ihr Potential zu erreichen. Öffentliche Diskussionen sind geradezu ein Minenfeld, auf dem sich besonders weiße Männer vorsichtig bewegen müssen, während Frauen und Minderheiten blind umherlaufen können. Im Jahr 2016 ging die niederländische feministische Publizistin Anja Meulenbelt sogar so weit, dass sie einen Antirassismuskurs organisierte unter dem Titel: „Hilfe, ich bin weiß"! Auf ihrer Webseite berichtet sie: „Viele weiße Niederländer fühlen sich unsicher. Wir suchen Hilfe bei nichtweißen Freunden: Mache ich alles richtig? Ich fühle mich schuldig. Wie kann ich helfen?"

Hinter jedem Baum und jedem Busch entdecken die sozialen Kreuzritter Unterdrückung, Rassismus oder Sexismus. Sie können in jeder Aussage und jedem Verhalten auftreten. Biologische und kulturelle Unterschiede müssen wegdiskutiert werden, denn Unterschiede zwischen Gruppen können nur das Ergebnis von Marginalisierung und Unterdrückung sein.

Du sollst verschieden sein!

Jeder, der nicht einen repräsentativen Teil der Bevölkerung in seinem Fernsehprogramm, seinem Museum, seiner Werbung, seinem Unternehmen, seiner Zeitung oder was auch immer berücksichtigt, wird als der Diskriminierung schuldig angesehen, ob dies nun bewusst geschehen ist oder nicht. Es gibt zu wenige schwarze Trainer im Profifußball? Diskriminierung! Bei der jährlichen Oscar-Verleihung gewinnen unverhältnismäßig viele Männer oder weiße Schauspieler? Diskriminierung! Die meisten Kunstwerke in den Museen wurden von Männern geschaffen? Diskriminierung! Anscheinend kann jedes gesellschaftliches Missverhältnis als böse Diskriminierung interpretiert werden. Dass es durch unterschiedliches Talent, unterschiedliche Motivation oder einfach unterschiedliche Umstände verursacht worden sein könnte, scheint im Denken der Social Justice Warrior nicht aufzutauchen.

Bemerkenswerterweise glauben die Leute, die für mehr Vielfalt plädieren, auch, dass die Unterschiede zwischen Menschengruppen minimal seien. Vertreter dieser Ansicht behaupten zum Beispiel, Untersuchungen zeigten, dass Unternehmen mit Vielfalt erfolgreicher sind. Aber wenn zum Beispiel der Unterschied zwischen Männern und Frauen so klein ist, warum ist Vielfalt dann wichtig? Anscheinend sind Gruppen unterschiedlich genug für Affirmative Action, aber nicht für Diskriminierung.

Humorlos

Nicht nur die Redefreiheit wird bedroht, auch Witze werden kritisiert. Politische Korrektheit und Humor sind jedoch schlecht miteinander zu versöhnen. Komödien waren immer eine Bastion der Redefreiheit. In der Vergangenheit haben Hofnarren ungestraft Witze bei Hofe gerissen, die kaum ein anderer sich zu erzählen getraut hätte. Aber die Zeiten haben sich geändert. Der bekannte amerikanische Komiker Jerry Seinfeld, der nicht einmal für seine Grobheit bekannt ist, sagte, er würde nicht mehr an Universitäten auftreten, da seiner Meinung nach Studenten heutzutage zu empfindlich seien.

Gleiche Rechte

Einer der Grundwerte des Westens sind gleiche Rechte für alle. Das bedeutet, dass Gerichte nicht aufgrund körperlicher Merkmale, sexueller Ausrichtung oder Religionszugehörigkeit diskriminieren dürfen und dass zum Beispiel Homosexuelle nicht für dasselbe Verbrechen eine höhere Strafe erhalten dürfen als Heterosexuelle. Darüber hinaus bedeutet es, dass in unserer Demokratie jeder Erwachsene die gleiche Stimme hat.

Dieser Gedanke der Gleichheit hat sich in den letzten 50 Jahren allmählich von gleichen Rechten zu gleichen Chancen gewandelt. Jeder sollte den gleichen Zugang zu Mindesteinkommen, Gesundheitsvorsorge und Bildung erhalten, und der Staat sollte dies durch Besteuerung ermöglichen. Das war der Anfang einer finanziellen Umverteilung, die sich rasch ausbreitete.

Da diese Chanchengleichheit nicht automatisch zur gewünschten Ergebnisgleichheit führte, zum Beispiel Geschlechtergleichheit in höheren Berufsgruppen oder anteilsmäßige Repräsentation von Minderheiten, plädierten mehr und mehr Menschen für gleiche Ergebnisse. Dies beruht auf dem Gedanken, dass Menschen einander sowohl geistig als auch biologisch ähnlich sind, andernfalls die Unterschiede in den Ergebnissen gerechtfertigt wären, so wie im Sport, wo nur sehr wenige eine Goldmedaille gewinnen. Dies hat zu einer Opferkultur geführt, in der Menschen ihre eigene nachteilige Position, oder die ihrer Gruppe, ihres Geschlechts oder ihrer Ethnie, auf ihre Verhältnisse, auf Diskriminierung und Marginalisierung zurückführen, und nicht auf einen Mangel an Fleiß und Fähigkeiten.

Die Verwirrten Staaten von Amerika

Weltweit waren die Vereinigten Staaten traditionell die Vorreiter dieses politisch korrekten Gleichheitswahns und sind ein Wegbereiter für die Situation in anderen Ländern.

„Hooters“ ist eine Restaurantkette, die für ihre sexy Kellnerinnen in engen orangefarbenen Hosen bekannt sind. Im Jahr 1995 behauptete die American Equal Employment Opportunity Commission (EEOC), „Hooters“ habe Männer diskriminiert, indem es nur Frauen einstellte. Um sich über die EEOC lustig zu machen, startete „Hooters“ eine scherzhafte Gegenkampagne mit Bildern von behaarten männlichen Kellnern in sexy Posen. Die Kampagne erwies sich als erfolgreich, und die EEOC machte einen Rückzieher. Zwei Jahre später musste sich „Hooters“ jedoch gegen eine Sammelklage aus demselben Grund verteidigen, die durch Zahlung von nicht weniger als 3,75 Millionen Dollar beigelegt wurde.[1] Das Unternehmen stellte Männer für die Arbeit an der Bar ein, aber die Kellnerinnen blieben weiblich. Viele andere Restaurantketten, wie etwa „Lawry's", sind für ähnliche Einstellungsmethoden ebenfalls mit Geldstrafen belegt worden. Anscheinend kann man im „Land of the Free" nicht entscheiden, wen man einstellt.

Auch Christen sind vor der Political-Correctness-Brigade nicht sicher. In Kalifornien wurde die Dating-Seite „Christian Mingle" gezwungen, Dating auch für Schwule zu erlauben. Zwei Schule hatten im Jahr 2013 erfolgreich Klage eingereicht, nachdem sie herausgefunden hatten, dass auf der Webseite Männer nicht nach anderen Männern suchen konnten. Das Unternehmen, das die Webseite betreibt, musste eine halbe Million Dollar als Schadensersatz und für die Gerichtskosten zahlen. Vor 100 Jahren hätten nicht einmal die größten Progressiven es gewagt, zu denken, dass Gleichheitsideale bis zu einem solchen Grad an Absurdität umgesetzt würden und dadurch die wirtschaftliche Freiheit von Unternehmen einschränken würden.

Ursprünglich wurde man als Rassist angesehen, wenn man andere Rassen verachtete oder hasste, heutzutage riskiert man es, so bezeichnet zu werden, wenn man nur einen spielerischen Witz über eine ethnische Gruppe oder Nationalität macht. Früher war man ein Sexist, wenn man meinte, dass Frauen in der Küche bleiben sollten, heutzutage kann es ausreichen, einfach einer Frau ein Kompliment zu machen. Nach dem Tod der „Star Wars"-Darstellerin Carrie Fisher im Jahr 2016 twitterte der amerikanische Komiker Steve Martin: „Als ich ein junger Mann war, war Carrie Fisher das schönste Wesen, das ich je gesehen hatte. Es stellte sich heraus, dass sie auch geistreich und klug war.“ Feministinnen kritisierten dies als sexistische Ehrung aufgrund der Tatsache, dass Martin als Erstes ihre Schönheit erwähnt hatte, nicht ihr Talent. Martin entschuldigte sich demütig und entfernte seinen Tweet.

Der britische Schriftsteller George Orwell sagte einmal: „Einige Ideen sind so absurd, dass nur Intellektuelle sie glauben.“ Er hätte sich damit auf amerikanische Universitäten beziehen können, wo man mit empfindlichen Studenten auf besondere Weise umgeht. Viele Universitäten bieten ihren Studenten sogenannte „Safe Spaces“ an, Bereiche, in denen Studenten von „marginalisierten“ Gruppen sich erholen können, wenn sie sich verletzt, schockiert oder bedroht fühlen. Sie mögen nützlich sein, wenn ein umstrittener Redner die Universität besucht, um einen Vortrag zu halten. „Safe Spaces“ enthalten alle Arten von Gegenständen, die verletzte Seelen beruhigen sollen und die in Kindergärten nicht fehl am Platz wären.

Im Safe Space der Brown University gibt es Kekse, Malbücher, Knete, beruhigende Musik, Wolldecken und ein Video mit spielenden Welpen. Zusätzlich stehen Betreuer zur Verfügung, die in der Behandlung von Traumata ausgebildet sind. Ironischerweise scheinen Studenten Schutz vor gegensätzlichen Meinungen zu benötigen, was im Widerspruch zur akademischen Suche nach Einsicht und Wissen zu stehen scheint. Die Brown University sagt, dass Vielfalt sehr wichtig sei, aber Meinungsvielfalt ist anscheinend sehr viel weniger willkommen.

Alles in allem hat der Wunsch nach Gleichheit eine merkwürdige Gesellschaft erzeugt. Dieser Egalitarismus beruht jedoch auf falschen Annahmen, die in den folgenden Kapiteln widerlegt werden.

Mythos 1: Diskriminierung ist Ungerechtigkeit, Hass und Gewalt

Alle möglichen Ausdrücke werden mit Diskriminierung assoziiert: „unfaire Unterscheidung“, „Ausschluss“, „Bleidigungen“, „Gewalt“, „Konzentrationslager“, „Fatshaming“, „Sexismus“, „Ableismus“, „Altersdiskriminierung“ („Ageismus“), „Rassismus“, „Transphobie“ (Furcht vor Transgendern), „sexuelle Belästigung“, „Homophobie“, „Xenophobie“ – sie werden alle in einen Topf geworfen, was Diskussionen oft übermäßig emotional werden lässt.

Es gibt jedoch keine klare Definition, sondern ständig sehr viele Diskussionen darüber, ob etwas wirklich Diskriminierung ist. Dem Human Rights Council zufolge hat Diskriminierung etwas mit Ausschluss oder ungleicher Behandlung aufgrund irrelevanter Eigenschaften zu tun. Dem Lexikon zufolge ist Diskriminierung „das Treffen ungerechtfertigter Unterscheidungen“. Aber wann ist etwas „ungerechtfertigt“ oder „irrelevant“? Es handelt sich um einen subjektiven Begriff, der leider nicht sehr klar umrissen ist. Jeder lehnt „ungerechtfertigte Unterscheidungen“ ab, aber was der eine als ungerechtfertigt erachtet, kann ein anderer gerechtfertigt finden. Viele Menschen missbilligen die Diskriminierungen anderer, halten aber die von ihnen getroffenen Unterscheidungen nicht für falsch.

Ungerechte Unterscheidung?

In den USA weigerte sich ein christlicher Bäcker, einen Kuchen für eine Schwulenhochzeit zu backen. War das falsch? Der Richter meinte, das sei es. Das schwule Paar reichte erfolgreich Klage ein, und der Bäcker wurde angewiesen, eine solch riesige Summe zu bezahlen, dass er den Betrieb einstellen musste. Aber was ist, wenn sich ein jüdischer Bäcker weigert, einen Kuchen für eine Neonazi-Party zu backen? Wäre das in Ordnung, oder sollte dieser Bäcker auch bestraft werden? Ist es nicht fairer und einfacher, wenn jeder selber entscheiden kann, für wen er einen Kuchen backt?

Darf man einen mexikanischen Bewerber um eine Stelle ablehnen, nachdem man schlechte Erfahrungen mit mexikanischen Arbeitern gemacht hat, aber sollte dies nicht erlaubt sein, wenn man lediglich durch Klischeevorstellungen über Mexikaner dazu bewegt wird? Es scheint auch selektive Empörung zu geben. Spezielle Sitze für Senioren in öffentlichen Verkehrsmitteln werden nicht als Diskriminierung junger Leute angesehen, da ältere Menschen oft gebrechlicher seien. Aber Arbeitgeber, die bevorzugt junge Leute anstellen statt älterer, würden Letztere schändlich diskriminieren, da die Älteren genauso gut und tatkräftig seien wie ihre jüngeren Kollegen.

Durch die Definition von Diskriminierung als „ungerechtfertigte Unterscheidung oder ungerechtfertigten Ausschluss" gelangen wir zu einer unmöglichen Gerecht-ungerecht-Debatte, die niemals objektiv entschieden werden kann. Welche Diskriminierung erlaubt ist und welche nicht, wird dann durch höhere Mächte entschieden. Dies führt auch zu Rechtsunsicherheit, da es oft im Voraus nicht bekannt ist, ob ein Gericht die Diskriminierung als „gerechtfertigt“ oder „ungerechtfertigt“ beschreiben wird. Darüber hinaus führt es dazu, dass Staat und Gerichte eine stärkere Rolle in unserem täglichen Leben spielen. Es wird eine Verrechtlichung der Gesellschaft verursachen, die Rechtsanwälten nutzen, aber die individuelle Freiheit verringern wird.

Vier Kategorien

Diskriminierung hat, wie erwähnt, viele Bedeutungen für verschiedene Menschen, sie kann aber grob in vier Kategorien eingeteilt werden:

1. Verallgemeinerung „Mexikaner sind faul“	**2. Flüche und Beleidigungen** „Blöder Redneck!“
3. Bildliche Darstellungen „Blackface“ und Verkleidung als Angehörige anderer Völker zu Halloween oder Karneval	**4. Ausschluss, Meiden oder Selektion** Ein Vermieter bietet eine Wohnung nur für Nichtmuslime an

Die Kategorien 1 und 2 beziehen sich auf Meinungsfreiheit, über die eine eigenständige Diskussion geführt wird. Beleidigungen, Beschimpfungen und offen verallgemeinernde Aussagen werden oft auch als Diskriminierung angesehen. Dies ist jedoch nicht der Schwerpunkt dieses Buches. Kategorie drei bezieht sich auf ein kulturell sensibles Thema. Im Falle des „Blackfacing“ zum Beispiel wird nichts gesagt und niemand wird ausgeschlossen, aber für manche Menschen werde Schwarze dadurch negativ dargestellt.

Dieses Buch behandelt hauptsächlich Kategorie vier, den Ausschluss von Menschen (oder ihre ablehnende Behandlung). Es verteidigt das Recht auf Ausschluss, unabhängig davon, ob dieser ungerecht, unmoralisch, dumm, unfreundlich oder unbegreiflich ist. Man braucht keinen guten Grund, um mit anderen nicht zu interagieren, und man sollte sich bestimmt nicht gegenüber einem Gericht verantworten müssen. Für alle Arten von anderen Entscheidungen in unserem Leben brauchen wir auch keinen guten Grund. Wenn wir uns zum Mittagessen ein Snickers kaufen statt Blumenkohl, müssen wir nicht erst beweisen, dass wir einen guten Grund haben, es zu tun, dass Snickers nahrhafter ist als Blumenkohl.

Man kann vier Schlüsselbereiche ausmachen, in denen Menschen ausgeschlossen werden, worüber viele Leute ihrem Ärger Ausdruck verleihen:

1. Beziehungen und soziale Interaktionen „Mann sucht junge schwarze Frau“	**2. Der Arbeitsmarkt** eine Firma sucht eine Sekretärin unter 35 Jahren
3. Vermietungen AirBnB, Privatwohnungen	**4. Zugang** zu Organisationen, Diskotheken, Transportmitteln (Taxis, die bestimmte Wohngegenden nicht anfahren), et cetera.

Je wichtiger etwas für uns ist, oder je größer das Risiko, dass wir uns falsch entscheiden, desto mehr diskriminieren wir. Deshalb diskriminieren wir stark, wenn wir nach einem Lebenspartner suchen, aber sehr viel weniger, wenn wir als Händler unsere Kunden begrüßen.

Gewalt

Die ursprüngliche Bedeutung von „Diskriminierung" ist „Unterscheidung". Heutzutage wird Diskriminierung oft mit Gewalt assoziiert oder sogar gleichgesetzt, und manchmal wird sogar der Zweite Weltkrieg in die Diskussion hineingezogen. Aber jeder, der einen Chinesen auf der Straße überfällt, weil er Chinesen hasst, macht sich zunächst der körperlichen Gewalt schuldig, die er auf diskriminierende Weise ausübt. Aber was ist hier wirklich das Problem: dass einer Gewalt ausübt oder dass sie sich gegen eine bestimmte Gruppe richtet? Wäre es in Ordnung, wenn eine zufällig ausgewählte Person geschlagen worden wäre? Wären wir auf Hitler weniger wütend, wenn er Menschen auf zufälliger Basis eingesperrt und ermordet hätte?

Diskriminierung hat mit dem Grund zu tun, aus dem man sich mit Menschen zusammentut oder nicht. Hat ein Arbeitgeber, wenn er entscheidet, jemanden nicht einzustellen, zum Beispiel weil er zu alt ist, damit Zwang gegen den Bewerber ausgeübt? Gewalt erfordert eine bestimmte Handlung. Würde man Untätigkeit als Gewalt definieren, so hätte diese kein Ende. Wir würden uns ihrer jeden Tag schuldig machen, etwa wenn jemand es ablehnt, für wohltätige Zwecke zu spenden, während jeden Tag Kinder an

Hunger und Mangel an Arzneimitteln sterben. Ihre Passivität verursacht Tod in Afrika – machen Sie sich damit der Gewalt schuldig?

Wenn man also „Ausschluss“ als Gewalt definiert, wird der Ausdruck „Gewalt“ nutzlos, denn alles passt zu dieser Definition, sogar in seinem Bett zu schlafen. Schließlich hätte man in dieser Zeit auch anderen helfen können. Dasselbe gilt, wenn man Diskriminierung mit „Hass“ gleichsetzt, weil irgendjemand, der einen anderen ausschließt, diese andere Person keineswegs hassen muss, sondern er bevorzugt einfach jemand anderen.

Mythos 2: Diskriminierung ist unmoralisch

Die erste Reaktion vieler Menschen, die von „Diskriminierung" hören, ist: „Widerlich! Skandalös! Unmoralisch!" Oft brauchen sie nicht einmal die genauen Einzelheiten zu wissen. Diskriminierung muss jedoch nicht skandalös sein.

Trotz seiner Witze, des Champagners und des Klavierspiels hatte es die 19-jährige Katharina Weiss abgelehnt, mit Rolf Eden ins Bett zu gehen. „Es tut mir sehr leid, aber du bist zu alt für mich", hatte der deutsche Teenager Eden erklärt. Der 77-jährige Rolf, der behauptete, mit 2.000 anderen Frauen Sex gehabt zu haben, verklagte sie wegen Altersdiskriminierung. Kaum jemand wird behaupten, Katharina habe unmoralisch gehandelt, indem sie ihn zurückwies. Warum sollte es dann falsch sein, jemanden in einer anderen Situation aus ähnlichen Gründen zurückzuweisen, zum Beispiel während eines Vorstellungsgesprächs?

Unveränderliche Eigenschaften

Diskriminierung wird als unmoralisch angesehen, weil Individuen aufgrund von Eigenschaften beurteilt werden, die sie nicht ändern können, wie Geschlecht, sexuelle Orientierung oder Volkszugehörigkeit. Das mag frustrierend sein, aber das ist für die Person, die die Unterscheidung trifft, irrelevant. Rolf Eden konnte sein Alter auch nicht ändern. Aber kein vernünftiger Mensch würde behaupten, dass Katharina deshalb mit ihm hätte schlafen müssen. Tatsächlich könnte die Tatsache, dass ein persönliches Merkmal nicht veränderbar ist, genau der Grund dafür sein, mit jemandem keinen Umgang zu haben. Wenn man andererseits jemandes Übergewicht beanstandet, kann man doch erwarten, dass er oder sie Gewicht verliert.

Irrelevante Eigenschaften

Menschen werden auch aufgrund von Eigenschaften ausgeschlossen, die vielleicht geändert werden können, die aber keine Rolle spielen sollten, wie jemandes Akzent, Religion, Piercings oder Gewicht. Daher wird es als unmoralisch angesehen, aus diesen Gründen zu diskriminieren. Aber wer darf entscheiden, ob etwas eine Rolle spielt? Die Tatsache, dass wir aufgrund ihrer eine Auswahl treffen, zeigt, dass diese Eigenschaften doch eine Rolle spielen. Für andere ist es leicht, zu behaupten, sie seien unwichtig, da sie nicht mit den Konsequenzen leben müssen. Dürfen wir beim Autokauf die Auswahl nur aufgrund technischer Dinge wie Kilometerstand, Funktionsfähigkeit und Preis treffen und nicht aus emotionaleren Gründen wie Schönheit, Image oder gar Attraktivität der Verkäuferin? Wer gezwungen wird, ein Auto nur aus technischen Gründen zu kaufen, wird weniger Freude daran haben.

Mit einer freien Stelle ist es nicht anders. Zeugnisse und Berufserfahrung sind nicht die einzigen Qualifikationen, aufgrund derer Bewerber eingestellt werden. Eine Firma mit vielen Frauen könnte, wenn eine Stelle zu besetzen ist, eine Vorliebe für einen gutaussehenden, muskulösen Mann haben, da die Ladys vielleicht einen

Augenschmaus zu schätzen wissen. Ist das so falsch? Muss man jemanden anstellen, der theoretisch am besten qualifiziert ist, oder sind auch emotionale Faktoren erlaubt?

Gruppen-Eigenschaften

Diskriminierung wird auch dann als unmoralisch angesehen, wenn Menschen aufgrund ihrer angeblichen Gruppen-Eigenschaften statt ihrer individuellen Merkmale beurteilt werden. Man nennt es „Vorurteil", und das ist vermutlich unmoralisch. Zum Beispiel, wenn ein Arbeitgeber eine Vorliebe für junge Angestellte hat, weil er glaubt, dass sie sich mit geringerer Wahrscheinlichkeit krankmelden werden als ältere Angestellte. Aber Vorurteile können, wie im Zusammenhang mit dem vierten Mythos erklärt werden wird, sehr nützlich sein, und wir kommen ohne sie nicht aus.

Es wird oft gesagt, dass wir tolerant sein und daher nicht diskriminieren sollten. Aber Toleranz bedeutet, dem anderen zu erlauben, das zu sein, was er oder sie ist. Sie bedeutet nicht, dass man den anderen wertschätzen oder auch nur akzeptieren sollte, oder dass man keine Kritik äußern kann. Wer Homosexualität ablehnt, kann immer noch tolerant gegenüber Homosexuellen sein, indem er anderen nicht verbietet, schwul zu sein. „Leben und leben lassen" sollte das richtige Motto sein, wenn von Toleranz die Rede ist. Aber heutzutage bedeutet dieser Ausdruck zunehmend, dass man andere wertschätzen muss, dass man mit ihnen Umgang pflegen sollte oder dass man sie nicht kritisieren sollte.

Unmoralisch versus illegal

Aber sollte Diskriminierung, selbst wenn sie unmoralisch wäre, verboten und gesetzlich bestraft werden? Vieles, das wir unmoralisch finden, ist nicht illegal. Wer seiner kranken Mutter nicht hilft, sondern sich stattdessen dazu entscheidet, in Urlaub zu fahren, mag unmoralisch handeln. Aber sollten wir deshalb Gesetze haben, die Menschen zwingen, ihrer kranken Mutter zu helfen? Wer darf entscheiden, und wo ist die Grenze, die es bestimmt? Wer solchen Zwang befürwortet, öffnet einer zunehmend totalitären Gesellschaft Tür und Tor, in der alle unsere Handlungen vom Staat kontrolliert, gelenkt und möglicherweise bestraft werden. Durch die Weigerung, mit jemandem Umgang zu pflegen, hat man dem anderen nichts weggenommen. Es gibt kein Opfer, nur eine enttäuschte Person. Wenn eine Frau sich weigert, mit einem Mann ins Bett zu gehen, hat sie dann dem Mann oder seiner Lage einen Schaden zugefügt?

Antidiskriminierungsgesetze sind unmoralisch

Ironischerweise ist Antidiskriminierungsgesetzgebung unmoralisch; sie zwingt Menschen dazu, mit solchen zu interagieren, mit denen sie es nicht wollen. Darin liegt keine Tugend. Freiheit bedeutet, dass Vereinigungen, Beziehungen und Transaktionen zwischen Menschen in gegenseitigem Einvernehmen stattfinden. Nur dann erwarten beide Parteien, einen Nutzen davon zu haben. Wird jedoch eine der beiden zur Teilnahme gezwungen, spricht man von Nötigung: Diese Person wird im Ergebnis wahrscheinlich leiden.

In Nazideutschland wurde es bestimmten Menschen verboten, miteinander zu interagieren. In den Niederlanden werden Menschen gezwungen, mit anderen zu interagieren. Der Besitzer eines Nachtclubs, der keine marokkanischstämmigen Niederländer zulassen will, wird gesetzlich bestraft. Ein Kinobesitzer in Nazideutschland, der Juden den Zutritt erlaubte, wurde ebenfalls bestraft. Es ist die andere Seite derselben Medaille. Die Grundidee hinter diesen Gesetzen ist dieselbe: Es sollte Menschen nicht erlaubt sein, selber zu entscheiden, mit wem sie interagieren.

Menschen auszuschließen, ist nicht notwendigerweise unmoralisch. Wählen heißt ausschließen. Auch ist es unmöglich, objektiv zu beurteilen, wann ein Ausschluss unmoralisch ist, denn wir führen ihn aufgrund unserer eigenen Vorlieben und Erfahrungen durch, die sich beträchtlich voneinander unterscheiden. Dies ist ein Verhalten, das nicht untersagt werden sollte, denn es ist wesentlich für die Vereinigungsfreiheit.

Mythos 3: Sie diskriminieren nicht

Menschen nehmen oft an, dass sie selber nicht diskriminieren, andere es aber tun. Schließlich gilt Diskriminierung als gemein und unmoralisch, und dieses Selbstbild mögen wir nicht.

Aber in unserem täglichen Leben diskriminieren wir ständig, und das ist nicht notwendigerweise gemein oder unmoralisch. Trifft man zum Beispiel jemanden zum ersten Mal, achtet man bewusst oder unbewusst auf alle Arten von persönlichen Eigenschaften. Auf der Grundlage begrenzter Information versucht man einzuschätzen, ob der anderen Person zu trauen ist, ob er oder sie etwas anzubieten hat, das für einen selber nützlich sein kann, oder eine potentielle Gefahr für einen darstellt.

Wer sein Haus umbauen möchte, muss einschätzen, ob ein möglicherweise in Frage kommender Bauunternehmer zuverlässig ist oder ob er ein unberechenbarer Baumeister ist, der weitaus besser im Zerstören als im Bauen ist. Man achtet auf jemandes Alter, Herkunft, Aussehen, Akzent, Nationalität, Geschlecht, Bekleidung, Schönheit, Größe, Gewicht, Stimme, und so weiter. Selbst das kleinste Detail, wie die Farbe von jemandes Schuhen, kann für den Eindruck, den der andere auf uns macht, eine Rolle spielen. Wir projizieren vermeintliche Gruppenmerkmale auf eine Person, zum Beispiel den Gedanken, dass tätowierte Personen eine lockerere Sexualmoral haben, oder dass schönere Menschen auch klüger und gesünder sind, oder dass Personen, die eine Brille tragen, im Allgemeinen intelligenter sind. Wir diskriminieren, egal wie sehr wir es nicht wollen. Wer wäre in der Lage, zu entscheiden, ob unsere Abwägungen gerechtfertigt sind?

Unsere diskriminierenden Einschätzungen anderer müssen nicht notwendigerweise negativ sein. Wenn Sie ein Date haben und der andere Turnschuhe zum Anzug trägt, werden Sie alle möglichen Schussfolgerungen daraus ziehen. Für viele sind Turnschuhe bei einem Date der Horror, ein schlechtes Zeichen für den Geschmack dieser Person, aber für andere mag es ein willkommener Hinweis darauf sein, dass sie es mit einem Nonkonformisten zu tun haben.

Selbst die größten Gegner der Diskriminierung können sie nicht vermeiden. Wer nachts auf dem Heimweg durch eine dunkle Gasse kommt und dort eine Gruppe von Fremden bemerkt, die dort stehen, muss entscheiden, ob er weitergeht oder lieber einen Umweg nimmt. Jeden von uns interessiert es, ob da Skinheads auf unserem Weg stehen oder alte Damen in geblümten Kleidern. Man muss sich schnell entscheiden, aber man muss es mit eingeschränkter Information tun, man hat wenig Gelegenheit, ihr Vorstrafenregister zu studieren. Fast jeder wird dann auf der Basis von Alter, Geschlecht und äußerer Erscheinung diskriminieren, selbst wenn er keinen Groll gegen diese Gruppen hegen mag. Jeder weiß aus den Nachrichten, aus Statistiken oder aufgrund von persönlicher Erfahrung, dass eine große Zahl von Verbrechen von jungen Männern begangen wird, nicht von älteren Damen. Diejenigen, die zu wenig unterscheiden und die Skinheads für so harmlos wie die alten Damen erachten, werden mit größerer Wahrscheinlichkeit Opfer von Gewalt. Wer andererseits glaubt, dass Rentner eine genauso große Neigung zum Verbrechen haben, muss zu oft einen Umweg machen.

Dating und Diskriminierung

Nirgendwo sonst gibt es so unverhohlene und offene Diskriminierung wie auf Dating-Seiten. Auswahlkriterien werden ohne Skrupel ausdrücklich angegeben. Wer dasselbe in einer Stellenanzeige machen würde, würde sicher verklagt werden. Auf Dating-Seiten wird lustig bezüglich Alter, Geschlecht, Größe, Gewicht, Bildungsstand, Wohnort, Aussehen, Religion, Einkommen, Behinderung und so weiter diskriminiert. Alles kann ein Ausschlussgrund sein, etwa ob jemand Katzen oder Motorradfahren mag. Ganze Gruppen von kleinen Männern werden von vielen Frauen sofort ausgeschlossen, obwohl sie sehr nette und verlässliche Partner oder phantastische Liebhaber sein mögen. Auch große Frauen haben es auf Dating-Seiten schwer, und ältere Damen sind weniger erfolgreich als Männer desselben Alters. Auf einer amerikanischen Dating-Seite für Schwule brachten die Männer schamlos ihre Vorlieben zum Ausdruck: „keine Schwarzen“, „keine Dicken“, „keine femininen Typen“, und so weiter. Mittels kulinarischer Codes gaben die Männer an, wer nicht zu antworten brauchte: „Kein Reis“ (Asiaten), „kein Gewürz“ (Latinos) oder „kein Curry“ (Inder). Hassen diese Männer diese Gruppen? Sind sie Rassisten und qualifizieren sich für eine Mitgliedschaft im Ku-Klux-Klan?

Vorliebe oder Vorurteil?

Manche behaupten, dass es sich bei der Unterscheidung, die auf Dating-Seiten gemacht wird, nicht um Diskriminierung handele, sondern um eine Sache der Vorlieben. Ähnlich wie jemand die Beatles mag, aber nicht die Rolling Stones, oder Gurken, aber keine Tomaten. Mit anderen Worten: Menschen, die Gruppen daten und ausschließen, täten das nicht aufgrund von Hass, Abneigung oder Verallgemeinerung oder Erfahrungen in der Vergangenheit, sondern aufgrund ihres Geschmacks. Aber ist das wirklich der Fall? Auf einer Dating-Seite könnte man Gruppen auch aufgrund von Vorurteilen oder schlechten Erfahrungen ausschließen. Die Unterscheidung zwischen Vorliebe und Vorurteil ist in dieser Hinsicht vielleicht sowieso nicht so nützlich. Denn ein diskriminierender Arbeitgeber könnte sich dann verteidigen, indem er sagt: „Ja, ich stelle keine Muslime und Frauen ein, aber ich tue es aufgrund meiner Vorlieben, nicht meiner Vorurteile."

Sind wir alle Rassisten und Sexisten?

Wenn also jedermann täglich diskriminiert, heißt das dann, dass wir alle Rassisten und Sexisten sind? Die kurze Antwort darauf lautet: ja. Zumindest wenn man Unterschiede zwischen ethnischen, kulturellen oder religiösen Gruppen oder Nationalitäten wahrnimmt, oder zwischen Mann und Frau, und eine Gruppe gegenüber der anderen bevorzugt. Schließlich lautet die Definition von „Rassismus", dass man eine Rasse als einer anderen überlegen ansieht, auch wenn dies nicht auf alle angeblichen Merkmale zutrifft. Das Gleiche gilt bezüglich Sexismus. Ein Neonazi sieht einen Unterschied zwischen weiß und schwarz und bevorzugt weiß, deshalb nennt man ihn einen Rassisten. Aber kaum jemand würde dies von einer Frau behaupten, die einen schwarzen Partner vorzieht. Wer von uns hat denn keine ähnlichen Vorlieben, wenn es um romantische Beziehungen geht? Oder bezüglich unserer Freunde, Kollegen und Nachbarn? Eine Studie der University of Toronto aus dem Jahr 2017 hat gezeigt, dass sogar sechs Monate alte Babys eine Vorliebe für Menschen mit demselben ethnischen Hintergrund zeigen.[2]

Man kann diesbezüglich extrem sein und große Unterschiede in Betracht ziehen, aber auch kleine Unterschiede. Alle Gruppen sind unterschiedlich, einschließlich ethnischer Gruppen. Und ein Unterschied geht gewöhnlich mit einer persönlichen Vorliebe und somit mit der Vorstellung einer Hierarchie von besser und schlechter (nicht unbedingt im Sinne von „moralischer") einher. Das würde jemanden per Definition schon zum Rassisten machen.

Das Gleiche gilt bezüglich Sexismus. Zum Beispiel glauben viele Menschen, dass Männer bessere räumliche Fähigkeiten haben als Frauen. Man könnte sagen, dass Frauen im Durchschnitt bezüglich dieses spezifischen Merkmals unterlegen sind. Bezüglich anderer Fähigkeiten scheinen Frauen besser zu sein als Männer, zum Beispiel Empathie, Feinmotorik oder soziale Fähigkeiten. Man beachte, dass wir hier von Durchschnitten reden, das heißt, einige Frauen schneiden besser ab als der durchschnittliche Mann und umgekehrt. Das Problem ist, dass man, wenn man diese Unterschiede anerkennt und sich entsprechend verhält, als „Sexist" bezeichnet werden kann. Als ob man Frauen (Misogynie) oder Männer (Misandrie) hassen würde, indem man einfach diese Unterschiede wahrnimmt oder anerkennt.

„Rassismus" umfasst einen weiten Bereich von Meinungen, Ausdrucksformen und Verhaltensweisen. Eine Frau, die ihre Handtasche umklammert, wenn sich ihr ein junger, schwarzer Mann auf dem Bürgersteig nähert, verhält sich auf rassistische und sexistische Weise. Sie misstraut bestimmten gesellschaftlichen Gruppen mehr als anderen. Das bedeutet jedoch nicht, dass sie ethnische Minderheiten oder Männer hasst.

Verachtung ist nicht Gewalt

Selbst wenn jemand Überlegenheitsgefühle oder gar Hass gegenüber einer bestimmten ethnischen Gruppe hegt, ist das immer noch keine Gewalt. Viele von uns mögen gewisse Gruppen nicht, was wir jedoch gewöhnlich nur im privaten Kreis äußern. Progressive verurteilen oft tiefreligiöse Menschen für ihre Ausgrenzung von Frauen und Schwulen. Andere verachten Asoziale (zumindest wenn sie in ihre Nachbarschaft ziehen), und fast alle Menschen misstrauen den Hells Angels. Wohlhabende Einwohner von Manhattan zählen sich selbst zum auserwählten Volk und sehen auf die amerikanische Mittelschicht und Konservative herab.

Spaltet diese Verachtung auch die Gesellschaft? Misstrauen und Verachtung sind nicht das Gleiche wie Gewaltandrohung oder Hassrede, die meisten von uns bleiben höflich gegenüber Menschen, auf die wir herabsehen oder möglicherweise sogar hassen. Solange wir einander in

Ruhe lassen, solange nicht eine Gruppe gezwungen wird, andere Gruppen durch Steuern und Umverteilung zu finanzieren, und solange nicht bestimmte Gruppen gesetzlich privilegiert werden, gibt es kaum ein Problem. Wir hätten außerdem weitaus weniger Gründe, einander nicht zu mögen.

Man kann sogar Abneigung oder Misstrauen gegenüber seiner eigenen Gruppe empfinden. Das mag seltsam erscheinen, aber auch Männer werden andere Männer als gefährlicher als Frauen ansehen. Sogar der amerikanische schwarze Bürgerrechtler Jesse Jackson hat einmal gesagt: „Es gibt in dieser Phase meines Lebens für mich nichts Schmerzlicheres, als eine Straße entlangzugehen und Schritte zu hören… und mich dann umzudrehen, einen Weißen zu sehen und mich erleichtert zu fühlen.“

Auch wenn wir also denken, wir würden nicht diskriminieren, tun wir dies jeden Tag, was oft sehr nützlich sein kann. Wir müssen aufgrund begrenzter Information entscheiden und tun dies auf der Basis von Einschätzungen, Gruppenmerkmalen und Vorurteilen. Die Vorzüge von Vorurteilen werden im nächsten Kapitel weiter erläutert.

Mythos 4: Vorurteile sind falsch

Vorurteile bilden oft die Wurzel von Diskriminierung und werden deshalb als falsch angesehen. Aber wie schlecht sind sie wirklich? Voreingenommenheit ist ein Urteil, das auf begrenzter Information beruht. Aber wir treffen ständig Entscheidungen aufgrund unvollständigen Wissens über jemanden oder über eine Situation. Wie lange muss man eine Person oder eine Situation studieren, um in der Lage zu sein, sein Vorurteil ein Urteil zu nennen? Wenn ein guter Freund Sie unerwartet betrügt, nachdem er zehn Jahre lang gut zu Ihnen war, waren Sie dann rückblickend voreingenommen gegen ihn, weil sie ihn als verlässlich ansahen?

Verallgemeinerungen in der Wissenschaft

Diskriminierung erfolgt oft durch Verallgemeinerung, von der uns auch oft gesagt wird, sie sei falsch. Verallgemeinern heißt, alle Mitglieder einer Gruppe als ähnlich anzusehen, was als ungerecht und unfair angesehen wird. Natürlich ist es möglich, sowohl positiv als auch negativ zu verallgemeinern, aber Verallgemeinerung bleibt ein nützliches Werkzeug. Wurde jemand irgendwann von einem Mann mit Brille ausgeraubt, so scheint es unklug zu sein, dahingehend zu verallgemeinern, Menschen mit Brille seien gefährlich. Es hat jedoch jeder das Recht, auf falsche Weise zu verallgemeinern. Wäre es richtig, zu verallgemeinern, wenn gerade einmal ein Prozent der Brillenträger

Kriminelle wären, oder nur, wenn es über 90 Prozent sind? Oder ist es nur bei 100 Prozent erlaubt, in welchem Falle es keine Verallgemeinerung mehr wäre?

Wir verallgemeinern in allen möglichen Bereichen. In der Wissenschaft wird bezüglich Menschen, Tieren, Pflanzen, Gegenständen und Phänomenen ständig verallgemeinert, und sie werden in Gruppen eingeteilt. Verschiedene Dinge in eine Schublade zu stecken, ist an Universitäten weitverbreitet. Wie kommt es, dass Frauen mit größerer Wahrscheinlichkeit an Depressionen leiden? Warum leiden arme Menschen häufiger an Übergewicht als Leute aus der Mittelklasse? Die Wissenschaft beobachtet Unterschiede zwischen Gruppen, stellt eine mögliche Verbindung (Korrelation) fest und untersucht, ob es eine kausale Beziehung (Verursachung) gibt oder ob es sich um einen Zufall handelt. Die Fragen, die die Wissenschaft stellen kann, sind zum Beispiel die, ob es eine kausale Beziehung zwischen Nationalität und Bierkonsum, Geschlecht und Krankheit, Religion und Leichtgläubigkeit, politischen Vorlieben und Vertrauen in andere gibt, und so weiter. Die Liste ist endlos und basiert immer auf Gruppenzuordnungen, Durchschnittswerten und Verallgemeinerungen. Dadurch werden wertvolle Informationen geliefert, die verwendet werden können, um die Ursachen für alle möglichen Phänomene, Verhaltensweisen und Krankheiten herauszufinden. Auf diese Weise können wir unser Leben besser machen, zum Beispiel indem wir das Risiko von Alzheimer-Erkrankungen reduzieren, Depression bekämpfen oder Verbrechen vorbeugen.

Verallgemeinerungen durch den Staat

Selbst Staaten verallgemeinern, um die Gesellschaft zu verbessern. Zum Beispiel wenden sich Kampagnen zur Verkehrssicherheit gewöhnlich an junge, männliche Fahrer. Das ist eine grobe Verallgemeinerung, denn die meisten dieser Fahrer verhalten sich vollkommen korrekt. Aber weil eine relativ große Zahl von Unfällen innerhalb dieser demographischen Gruppe passieren, kann auf diese Weise der größte Nutzen erzielt werden. Kaum jemand findet diese Verallgemeinerung problematisch. Dieselben Menschen, die hierin kein Problem sehen, könnten jedoch das Gefühl haben, es sei falsch, aufgrund von Kriminalitätsstatistiken, auch wenn diese genauso wissenschaftlich sind, schwarze Jugendliche zu diskriminieren oder bezüglich ihrer Verallgemeinerungen vorzunehmen. In den USA werden 47 Prozent aller Morde von einem schwarzen Mann begangen, während schwarze Männer nur sieben Prozent der Gesamtbevölkerung ausmachen.[3] Jeder, der dies erwähnt, wird des Rassismus beschuldigt. Aber wen man erwähnt, dass 90 Prozent aller Morde von Männern, nicht von Frauen, begangen werden, erhebt sich nur wenig Widerspruch, obwohl es genauso sexistisch ist, wie die andere Tatsache rassistisch ist.

Israel

Diskriminierung kann zu unserer Sicherheit beitragen. El Al, eine israelische Fluggesellschaft, diskriminiert skrupellos beim Einchecken von Passagieren und ihrem Gepäck. Israel hat viele Feinde, und El Al wendet gezieltes Profiling an, um potentielle Terroristen zu stoppen. Die

Gesellschaft fokussiert ihre Sicherheitschecks nicht nur auf die Herkunft, sondern auch auf Alter, Geschlecht, Religion, Nationalität, und so weiter. Diese Methode hat sich als sehr effizient erwiesen. Das letzte und einzige Mal, dass ein El-Al-Flugzeug entführt wurde, war 1968. Ein zusätzlicher Vorteil ist, dass die Passagiere nicht so lange Schlange stehen, wie sie es täten, wenn El Al auch ältere Damen und schwedische Kinder gründlich überprüfen würde. Es werden auch die Kosten für die Security gesenkt.

Der Wunsch, nicht zu diskriminieren, kann zu vielen vermeidbaren Verbrechensopfern führen. In Deutschland, einem Land, das im Schatten der Nazizeit lebt, ist es der Polizei nicht erlaubt, DNS-Spuren zu verwenden, um Informationen über die mögliche Hautfarbe, Augenfarbe, Haarfarbe oder den ethnischen Hintergrund eines Täters zu erlangen. Wäre dies aber erlaubt, so würde es zweifellos die Zahl unaufgeklärter Verbrechen verringern. In Großbritannien gibt es kein solches Gesetz, aber auch hier wird die Effizienz der Polizei durch den sozialen Druck, nicht rassistisch zu erscheinen, behindert. Im Jahr 2010 wurde das Land durch den sogenannten Rotherham-Skandal erschüttert. Über mehrere Jahrzehnte waren nicht weniger als 1.400 Kinder sexuell missbraucht worden, größtenteils von Männern pakistanischer Herkunft. Die Zahl der Opfer war unnötig hoch, weil die Behörden nicht rechtzeitig eingegriffen hatten. Die Untersuchung des Rotherham-Falls ergab, dass die Behörden Berichte lange Zeit nicht ernst genommen hatten, teilweise weil sie befürchteten, des Rassismus beschuldigt zu werden.

Ethnisches Profiling

Ist es verwerflich, wenn die Polizei ein Profiling von Tatverdächtigen aufgrund von Herkunft, Geschlecht, Alter und so weiter durchführt? Tatsächlich tut sie das bereits. Wird zum Beispiel nach einem Mörder gefahndet, versucht die Polizei, die Untersuchung möglichst zielgerichtet durchzuführen, aufgrund aller möglichen persönlichen Merkmale, Hinweise und Statistiken. Wenn nach einem brutalen Killer gefahndet wird, sind die Damen im Altersheim nicht die Ersten, die einschüchternden Verhören unterzogen werden.

Aber darf ein solches Profiling auch präventiv durchgeführt werden? Sollte es der Polizei erlaubt sein, Autos oder Menschen aufgrund ethnischer Herkunft in Gewahrsam zu nehmen? Der niederländische Rapper Typhoon beklagte sich im Jahr 2016, dass er wegen der Kombination aus seiner Hautfarbe und seinem teuren Auto oft präventiv angehalten werde. Seine Empörung ist verständlich, aber ein ähnliches Profiling findet auf der Basis von Geschlecht und Alter statt; Männer und Jugendliche werden bei Kontrollen mit größerer Wahrscheinlichkeit herausgepickt als Frauen und ältere Leute. Würde die Polizei Menschen auf zufälliger Basis überprüfen, wäre die Erfolgsrate bei der Verbrechensprävention sehr viel niedriger. Mehr Kriminelle würden sich in den Straßen herumtreiben, und die Kosten der Verbrechensbekämpfung würden steigen. Solange sich die Polizei von Kriminalitätsstatistiken leiten lässt und nicht von hasserfülltem Bauchgefühl, bleibt dies der richtige Ansatz.

Ein verbreiteter Einwand lautet, dass bestimmte Gruppen eben genau deswegen mit größerer Wahrscheinlichkeit in den Kriminalitätsstatistiken auftauchen, weil sich die Polizei mehr auf diese Gruppen konzentriert. Diese Kritik scheint jedoch ungerechtfertigt zu sein, zumindest mit Bezug auf die USA. Dort wird jedes Jahr ein „National Crime Victimization Survey" (nationale Verbrechensopferbefragung) durchgeführt,[4] bei der zufällig ausgewählte Personen gefragt werden, ob sie das Opfer eines Verbrechens geworden sind und welche Merkmale, wenn bekannt, der Täter aufwies. Die Ergebnisse liegen mit Gerichtsurteilen sehr gut auf einer Linie, was nahelegt, dass Polizei und Gerichtswesen tatsächlich nicht voreingenommen sind.

Ökonomie

Vorurteile können auch ökonomisch von Nutzen sein. Sie ermöglichen es Firmen, optimale Entscheidungen zu treffen. Im Hinblick auf freie Stellen werden Arbeitgeber Kandidaten meiden, von denen sie erwarten dass sie ihren Lohn nicht wert sind. Schwangere Frauen, Menschen mit einem Vorstrafenregister oder Kandidaten mit einem anderen kulturellen Hintergrund sprechen sie weniger an. Wenn sie gezwungen werden, bestimmte benachteiligte Gruppen einzustellen, werden sie höhere Kosten auf sich nehmen. Sie müssen diese Kosten an ihre Kunden weitergeben, was ihre Wettbewerbsfähigkeit beeinträchtigen wird. Die niederländische Regierung versuchte durch alle möglichen Gesetze, Firmen mit 25 oder mehr Mitarbeitern dazu zu ermutigen – und möglicherweise dazu zu zwingen

–, ethnische Minderheiten und Behinderte einzustellen. Diese Quoten werden noch nicht erzwungen, aber es ist möglicherweise nur eine Frage der Zeit, bis sie es werden. Eine Folge wird sein, dass Firmen es vermeiden wollen, auf über 25 Mitarbeiter zu wachsen, um von dieser Gesetzgebung verschont zu bleiben. Es ist der allgemeinen Wirtschaft abträglich, wenn Unternehmen davon abgehalten werden, zu wachsen.

Fazit: Die Polizei, die Gemeinschaft der Wissenschaftler und Unternehmen verallgemeinern alle und setzen Vorurteile in potentiell nützlicher Weise ein. Jeder macht im täglichen Leben klugen Gebrauch von Verallgemeinerungen. Es liegt im eigenen Interesse von Organisationen und Menschen, eine optimale Voreingenommenheit zu hegen. Werbeagenturen, die am besten darin sind, die Interessen unterschiedlicher Zielgruppen einzuschätzen, können Produkte am effizientesten vermarkten und verursachen auch denen, die an ihrem Kauf nicht interessiert sind, die geringsten Unannehmlichkeiten.[5] Vorurteile sind also nicht notwendigerweise falsch, man kann aber falsche (das heißt unzutreffende) Vorurteile haben. Wenn Vorurteile vernünftig angewendet werden, werden sie der Gesellschaft nutzen.

Wenn man andererseits falsche vorgefasste Meinungen hat, können bestimmte Gruppen benachteiligt werden. Ob Diskriminierung der Hauptgrund für diese Ausgrenzung ist, wird im folgenden Mythos diskutiert.

Mythos 5: Diskriminierung ist der Hauptgrund für soziale Ungleichheit

Dass Frauen und Minderheiten in höheren beruflichen und gesellschaftlichen Sphären unterrepräsentiert sind, wird oft auf äußere Faktoren wie Diskriminierung und Ausgrenzung im Bildungswesen zurückgeführt. Spielen aber Unterschiede in Talent und Motivation auch eine Rolle?

Männer sind in technischen Berufen stark überrepräsentiert, und Frauen sind weitaus öfter in Berufen wie der Krankenpflege angestellt. Sind diese Unterschiede kulturell oder genetisch bestimmt? Ziehen wir Mädchen und Jungen unterschiedlich groß und sie wählen dann unterschiedliche Berufswege? Oder haben Männer und Frauen allgemein eine genetische Veranlagung für unterschiedliche Berufswege?

Umweltfaktoren sind zweifellos wichtig für den Erfolg eines Menschen. Ein intelligenter Mensch, dem keine Bildung zuteilwird, kann sein oder ihr Potential nicht erreichen. Und eine Eiche, die nur wenig Wasser und Sonnenlicht bekommt, wird nicht so stark wachsen wie andere Eichen. Es wird anerkannt, dass die Ergebnisse für Bäume und Tiere sowohl auf genetische Faktoren als auch auf die Umstände zurückzuführen sind. Und doch führen egalitäre Denker Unterschiede zwischen Menschen hauptsächlich auf Umweltfaktoren wie Diskriminierung zurück.

Schwarze Läufer und männliche Genies

Im Sport stellen wir bedeutende Leistungsunterschiede zwischen Gruppen fest. Schwarze Sportler gewinnen selten olympische Medaillen im Schwimmen. Auf der anderen Seite dominieren Sportler westafrikanischer Herkunft den 100-Meter-Lauf. Seit 1983 waren alle Goldmedaillengewinner dort schwarz. Kein Weltklasseläufer ist asiatischer Herkunft. Sportler ostafrikanischer Herkunft dominieren Marathonwettbewerbe, vor allem Kenianer.

Eine ähnliche Überrepräsentanz zeigt sich im US-amerikanischen Profibaseball, wo ein Drittel der Spieler schwarz ist. Im American Football sind es sogar zwei Drittel. Wenn man an Gleichheit glaubt, könnte einen dies zu der Annahme führen, dass Profisportmannschaften weiße Spieler diskriminieren. Aber kaum jemand führt dies als Erklärung an.

Die Ergebnisse des American Denver Development Screening Test (DDST) weisen auf einen möglichen genetischen Faktor für diese Unterschiede hin. Dieser Test wurde in den 60er Jahren entwickelt und misst die geistige und körperliche Entwicklung von Kindern im Alter bis sechs Jahre. Zu den Bestandteilen des Tests gehören Werfen, Springen, Laufen und Auge-Hand-Koordination. Seit 50 Jahren zeigt der DDST die gleichen Ergebnisse, auch international: Schwarze Kinder können im Durchschnitt einen Monat früher gehen als weiße Kinder, und sie schneiden bei den meisten körperlichen Leistungsmerkmalen besser ab. Die Ergebnisse eines weiteren Tests, der Bayley Scales of Infant Development, zeigen ebenfalls diesen ethnischen Unterschied.

Weitere Forschungen weisen ebenfalls in die Richtung einer genetischen Komponente. Menschen afrikanischer Herkunft haben einen höheren Anteil an Fasern vom Typ 1 in ihren Muskeln, was es diesen erlaubt, sich schneller zusammenzuziehen. Dies ist nur einer von Dutzenden körperlicher Unterschiede zwischen Schwarzen und Weißen, wie Knochenstruktur, Hüftbreite, Körperschwerpunkt und Armlänge. Manchmal sind diese Unterschiede minimal und manchmal sehr bedeutend. Da aber der Unterschied zwischen einem Goldmedaillengewinner und einem Silbermedaillengewinner oft nur eine Hundertstelsekunde beträgt, können selbst kleine physiologische Unterschiede beträchtliche Auswirkungen haben.

Zweifellos gibt es auch Sportarten, in denen die Unterschiede zwischen verschiedenen Ethnien größtenteils durch Umweltfaktoren erklärt werden können. Polo zum Beispiel ist ein teurer Sport, der von weißen Spielern dominiert wird. Da Weiße ein höheres Durchschnittseinkommen haben als die schwarze Bevölkerung, kann man zumindest zu einem großen Teil erklären, warum Schwarze selten Medaillen im Polo gewinnen.

Frauen an der Spitze

Es gibt auch beträchtliche soziale Unterschiede zwischen Frauen und Männern. Von den 500 größten Firmen der USA werden nur fünf Prozent von Frauen geführt. Bedeutet das, dass es tatsächlich eine „gläserne Decke“ gibt, die Frauen daran hindert, Firmenchefs zu werden, oder sind sie möglicherweise weniger motiviert oder talentiert?

Die populäre amerikanische Dating-Seite „Okcupid“ hat Hunderttausende von Mitgliederprofilen analysiert, und das Ergebnis legt einen Unterschied in der Motivation nahe.[6] Die Untersuchung zeigte, dass Männer im Allgemeinen ihre berufliche Tätigkeit betonen und Frauen ihre Weiblichkeit und Schönheit betonen. Anscheinend lieben Frauen erfolgreiche Männer, während Männer an Frauen Jugend und Schönheit schätzen. Die Analyse von „Okcupid“ steht im Widerspruch zu politisch korrekten Vorstellungen über Geschlechtergleichheit. Laut Dr. Warren Farrell, dem Autor von „Why Men Earn More“ („Warum Männer mehr verdienen“), werden Frauen tatsächlich als Sexobjekte gesehen, während Männer als Erfolgsobjekte betrachtet werden.[7]

Auch im Tierreich kann die weibliche Vorliebe für männliche Stärke und Erfolg festgestellt werden. Männchen müssen oft gegeneinander kämpfen, bevor das Weibchen es ihnen erlaubt, sich mit ihm zu paaren. In der Welt der Menschen ist dieser Kampf gewöhnlich nicht körperlich. Es wird manchmal gesagt, dass Frauen nach oben heiraten und Männer nach unten heiraten. Frauen, die Mutter werden, hören oft auf, zu arbeiten, und werden daher abhängig vom Einkommen ihres Mannes. Ein Manager ist für sie als Partner attraktiver als ein Müllmann. Jede Frau, die eine Karriere anstrebt, hält weiter nach oben Ausschau, um potentielle Partner zu finden, und stellt dadurch unbeabsichtigt sicher, dass weniger Männer für sie in Frage kommen. Andererseits erachten Männer sie als weniger attraktiv, da sie es bevorzugen, nach unten zu heiraten. Anders als bei Männern zahlt sich der berufliche Erfolg einer Frau nicht im romantischen Bereich aus. Daher sind Frauen weniger motiviert, an die Spitze zu kommen. Männliche Popstars treffen oft viele weibliche Fans in ihrem Hotelzimmer, während weibliche Popstars mit sehr viel geringerer Wahrscheinlichkeit auf sie stoßen. Als die Rolling Stones eine Tournee durch Amerika machten, warteten viele Groupies in ihrem Hotelzimmer auf sie. Von Madonna oder Lady Gaga sind keine ähnlichen Szenen bekannt. Die gläserne Decke könnte also eine Motivationsdecke sein.

Testosteron

Männer sind von Natur aus konkurrenzbetonter als Frauen, was Forscher auch bei Babys beobachtet haben, die wenig oder keinen kulturellen Einfluss erfahren haben. Das lässt auf einen biologischen Ursprung dieses Unterschieds schließen. Einer der Gründe dafür ist wahrscheinlich, dass Männer zehn bis 20 Mal mehr Testosteron in ihrem Körper haben als Frauen, ein Hormon, das Dominanz, Libido, Aggression, Risikobereitschaft und Wettbewerb begünstigt.

Auch Sporttrainern in der ehemaligen DDR war es wohl bewusst, dass Testosteron die körperliche Leistungsfähigkeit ankurbelt. Weiblichen Sportlerinnen in der DDR wurde neben anderen leistungssteigernden Mitteln oft Testosteron verschrieben, um ihnen auf das Siegertreppchen zu verhelfen. Diese illegale Praxis, die von der Regierung abgesegnet war, hatte tatsächlich bessere Leistungen zur Folge. Diese Damen zeigten nicht nur (dauerhafte) körperliche Änderungen wie zusätzliche Muskelmasse, Haarwachstum und eine tiefere Stimme, sondern auch mentale Veränderungen. Auch bei Tieren kann die Wichtigkeit des Testosterons beobachtet werden. Eigentümer lassen manchmal ihre Stiere, Hengste oder Kater kastrieren, wenn die Tiere zu dominant oder übermäßig sexuell erregt werden. Es wird verhindert, dass die Hoden Testosteron produzieren, was zu einem ruhigeren Tier mit einer niedrigeren Libido führt.

Wenn Testosteron den Konkurrenztrieb erhöht, könnte das einer der Gründe dafür sein, dass Frauen sich öfter als Männer für eine Halbzeitstelle entscheiden. In den Niederlanden sind 75 Prozent der Teilzeitangestellten weiblich, sogar wenn sie keine Kinder haben. Darüber hinaus könnte dies teilweise erklären, warum es weniger Frauen in Spitzenpositionen gibt als Männer. Wer sich über den Mangel an weiblichen Führungskräften beschwert, täte vielleicht klüger daran, seine Beschwerde an Mutter Natur zu richten, nicht an Männer oder an die Politik.

Dominante Nerds

Nicht nur der Mangel an weiblichen Firmenchefs wird beklagt. Es wird auch gesagt, dass zu wenige Frauen in der Wissenschaft, der Informationstechnik und dem Ingenieurwesen tätig sind. Feministinnen zufolge ist dies nicht auf einen Mangel an Befähigung oder Interesse zurückzuführen, sondern auf feindliche Arbeitsumgebungen in diesen Bereichen oder darauf, dass Mädchen davon abgehalten werden, Interesse an Wissenschaft zu entwickeln.

Ist aber eine andere Erklärung möglich? Im letzten halben Jahrhundert haben amerikanische Jungen auf dem Gymnasium (secondary school) bei Mathematiktests durchgängig und signifikant besser abgeschnitten als die Mädchen, mit 533 gegenüber 499 Punkten. Das ist für sich genommen nicht viel, aber bei den Spitzenwerten ist die Abweichung ausgeprägter. Man denke daran, dass diejenigen mit den besten Leistungen gewöhnlich eine Karriere in dem Bereich anstreben, in dem sie gut sind. Es ist daher logisch, dass Männer auf Gebieten wie Mathematik, Informatik, Chemie und Physik überrepräsentiert sind.

Wissenschaft und Technik erfordern einen hohen IQ (normalerweise über 125), und große Fähigkeiten im abstrakten Denken werden benötigt. Männer und Frauen weisen im Durchschnitt die gleiche Intelligenz auf (der durchschnittliche IQ im Westen liegt bei 100), aber die Verteilungen um den Durchschnitt sind sehr unterschiedlich.[8] Es gibt zehn Mal mehr Männer als Frauen mit einem IQ über 170 (Supergenie-Level). Die Gauss-Kurve, oder Normalverteilung, für den IQ (siehe Graphik) ist bei Männern viel flacher als bei Frauen. Frauen haben daher mit größerer Wahrscheinlichkeit einen durchschnittlichen IQ, während Männer bei den oberen und den unteren Extremwerten dominieren. Das könnte erklären, warum Männer 90 Prozent aller Nobelpreise (außer denen für Literatur und Frieden) gewinnen. Bezüglich des anderen Endes der Kurve bedeutet es, dass geistige Unterentwicklung bei Männern sehr viel häufiger auftritt als bei Frauen.

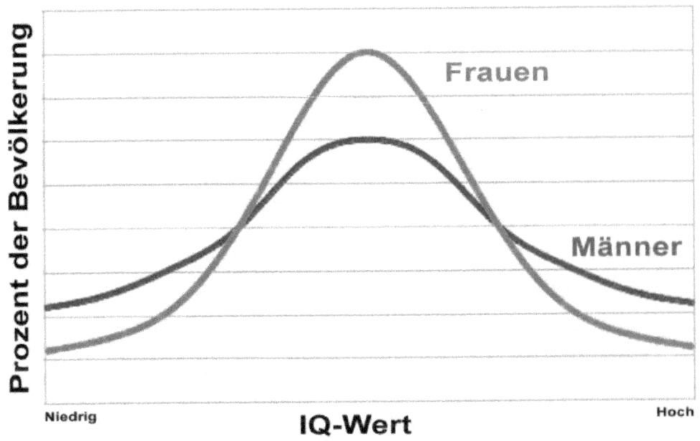

Feministinnen behaupten, dass beide Geschlechter im Durchschnitt gleichermaßen für Informatik geeignet seien, dass aber Frauen ausgegrenzt würden. Das wirft die Frage auf, warum diese Frauen die sexistischen Vorurteile nicht umgehen, indem sie über das Internet virtuell zusammenarbeiten, um großartige Software zu produzieren? Es gibt keine Umgebung, die so zugänglich und leistungsorientiert ist wie das Internet. Ein Computer mit Internetanschluss kostet wenig, viele Software ist einfach kostenlos, es spielt keine Rolle, wo man wohnt, und die Kenntnis der englischen Sprache reicht aus. Trotz alledem bleiben weibliche Überflieger in der IT eine Seltenheit.

Kibbutz

In seinem Buch „Why Gender Matters“ („Warum das Geschlecht eine Rolle spielt“) beschreibt Dr. Leonard Sax, wie Jungen und Mädchen von Geburt an unterschiedliche Interessen und Verhaltensweisen an den Tag legen. Neugeborene Jungen zeigen mehr Interesse an Gegenständen, während Mädchen sich mehr zu Gesichtern hingezogen fühlen. Sax beschreibt auch, wie Jungen weitaus mehr Risiken eingehen als Mädchen und dazu neigen, ihre Fähigkeiten zu überschätzen.

In seinem Buch „Taking Sex Differences Seriously" („Geschlechtsunterschiede ernst genommen") beschreibt der amerikanische Wissenschaftler Dr. Steven Rhoads 25 Fälle von Jungen, die aufgrund eines Geburtsfehlers ohne Penis zur Welt kamen. Eltern und Ärzte hatten entschieden, dass es besser sei, sie zu kastrieren und als Mädchen aufwachsen zu lassen. Jahre später wurden diese Individuen wieder ausfindig gemacht. Es stellte sich heraus, dass sie alle jungenhaftes Verhalten an den Tag legten, selbst wenn ihnen weibliche Hormone verabreicht worden waren. Ihr Gehirn war bereits im Mutterbauch (unter dem Einfluss von Testosteron) strukturell so maskulinisiert, dass es hinterher nicht mehr substantiell verändert werden konnte.

Ernsthafte Versuche, Geschlechtsunterschiede durch Umwelteinflüsse zu korrigieren, scheinen zum Scheitern verurteilt zu sein. In den 1950er Jahren versuchten israelische Kibbutze, angeregt durch sozialistische egalitäre Ideale, Jungen und Mädchen geschlechtsneutral zu erziehen. Im Jahr 1950 besuchte der amerikanische Anthropologe Melford Spiro diese Kibbutze. Seine aufgezeichneten Ergebnisse schienen zu beweisen, dass Geschlechtsunterschiede kulturellen Ursprungs sind. Aber als Spiro 1975 zurückkehrte, waren alle geschlechtlichen Verhältnisse wieder traditionell geworden. Wenn diese leidenschaftlichen Idealisten dabei gescheitert waren, eine egalitäre Gesellschaft zu erschaffen, kann man wohl einen biologischen Ursprung für Geschlechtsunterschiede vermuten.

Sexistische Haie

Wir denken nicht immer sofort an Ungerechtigkeit, wenn wir Zeuge krasser Beispiele für Ungleichheit der Geschlechter werden. Laut dem „International Shark Attack File" („ISAF") waren von 93 Prozent aller Haiangriffe Männer betroffen. Tatsächlich betrafen gemäß derselben Statistik 95 Prozent dieser Angriffe Weiße. Ist das ein Beweis für ein großes Unrecht, das behoben werden muss? Bedeutet es, dass Haie sowohl Sexisten als auch Rassisten sind? Es scheint unwahrscheinlich, wenn auch nicht unmöglich, dass Haie solch starke diskriminierende Neigungen haben. Aber die logischste Erklärung ist, dass die Umstände anders sind, dass sich weiße Männer unverhältnismäßig oft in Gewässer begeben, in denen auch Haie gerne schwimmen. Noch viele andere Unterschiede zwischen Männern und Frauen werden ebenfalls durch abweichende Umstände erklärt. Die Tatsache zum Beispiel, dass Männer mehr verdienen als Frauen, mag der Tatsache zu verdanken sein, dass Männer technische Studienfächer und besser bezahlte Berufe wählen und bereit sind, für ihre Arbeit weiter zu reisen.

Fazit: Die niedrigere soziale Stellung bestimmter Bevölkerungsgruppen kann einfach das Ergebnis von Unterschieden bei Talent, Motivation oder den Umständen sein. Wird dies nicht anerkannt, fühlen sich alle möglichen Gruppen missgünstig. Menschen sind zu Unrecht ungehalten und wütend über diese Unterschiede und nehmen sich selbst als Opfer von Diskriminierung wahr. Manche Gruppen werden auch dazu ermutigt, Verhaltensweisen anzunehmen, die die sozialen Unterschiede ausgleichen sollen, die aber im Gegensatz zu ihrer natürlichen Wesensart stehen. Hausfrauen werden beschuldigt, Geschlechterrollen zu bestätigen, und Mädchen werden ermutigt, naturwissenschaftliche Fächer zu wählen und eine Karriere in technischen Berufen anzustreben. Staaten, die versuchen, diesen Unterschieden durch positive Diskriminierung oder Subventionen entgegenzuwirken, verwenden das Geld der Steuerzahler unklug und lassen denen keine Gerechtigkeit widerfahren, die herausragend sind. Es ist dasselbe als würden sie weiße Läufer einfach auf der Grundlage subventionieren und fördern, dass diese im Verhältnis zu ihrer Anzahl zu wenige Medaillen gewinnen.

Mythos 6: Alle Menschen sind gleich

Der grundlegende Einwand gegen Diskriminierung beruht auf der angenommenen Gleichheit aller Menschen bezüglich ihres Talents, ihrer geistigen Kapazitäten und manchmal sogar ihrer körperlichen Fähigkeiten. Denn wenn alle Menschen und Gruppen gleich sind, braucht man sie nicht unterschiedlich zu behandeln.

Gewöhnlich erkennen wir körperliche Unterschiede zwischen gesellschaftlichen Gruppen an, bezüglich ihrer durchschnittlichen Größe, ihrer Hautfarbe, ihres Haartyps, ihrer Augenfarbe, und so weiter. Zum Beispiel ist die Brustgröße von Frauen in der Welt ungleich verteilt. Die durchschnittliche Russin hat die beeindruckende Körbchengröße D, während sich die durchschnittliche chinesische Frau mit der bescheidenen Körbchengröße A zufriedengeben muss. Ist es rassistisch und diskriminierend, darauf hinzuweisen? Bringen diese Aussagen die Chinesinnen und die Russinnen gegeneinander in Stellung? Nur wenige würden dies annehmen.

Mentale Unterschiede

Mentale Gruppenunterschiede wie Arbeitsethik, Empfindlichkeit für Stress, Aggression, Intelligenz oder Selbstbeherrschung sind jedoch sehr kontrovers. Wer ihre Existenz behauptet oder untersucht, wird leicht des Rassismus und des Sexismus beschuldigt.

Aber warum sollte dies kontrovers sein? Wir alle sind uns der großen körperlichen Unterschiede zwischen Individuen wohl bewusst. Ist es nicht sehr wahrscheinlich, dass es auch mentale Gruppenunterschiede gibt? Oder kommt jeder als leere Tafel zur Welt, als identischer Computerspeicher, auf dem noch keine Software installiert wurde? Das würde bedeuten, dass jedes Baby zu einem neuen Einstein oder Mozart großgezogen werden könnte, obwohl nur so wenige dabei Erfolg hatten. Wir beobachten große Unterschiede bezüglich Wohlstand und Wohlergehen zwischen unterschiedlichen Völkern und Bevölkerungsgruppen, es scheint unwahrscheinlich, dass sie alle durch Diskriminierung und Unterdrückung entstanden sind.

Sind wir zur Hälfte Bananen?

Menschen haben den riesigen Anteil von 99,5 Prozent ihrer DNS gemeinsam.[9] Nichtsdestotrotz gibt es große gesellschaftliche Unterschiede zwischen Ländern und ethnischen Gruppen oder zwischen Männern und Frauen. Können wir daraus schließen, dass die Abweichungen zwischen Individuen und Gruppen durch Umweltfaktoren erklärt werden müssen? Natürlich sind Umweltfaktoren eine der zugrundeliegenden Ursachen für diese Unterschiede, aber das ist nicht die ganze Geschichte. Schließlich können 0,5 Prozent Unterschied im genetischen Material riesige Unterschiede in den körperlichen oder mentalen Ergebnissen zwischen Individuen zur Folge haben. Das menschliche Genom enthält drei Milliarden sogenannte Basenpaare, und 0,5 Prozent davon stehen für 15 Millionen Unterschiede. Es gibt Tausende ernsthafter Erkrankungen bei Menschen, die durch eine einzige Genmutation erzeugt werden. Menschen haben 98 Prozent ihrer DNS mit Schimpansen und nicht weniger als 50 Prozent mit Bananen gemeinsam, und doch würde kaum jemand behaupten, wir seien zur Hälfte Bananen.

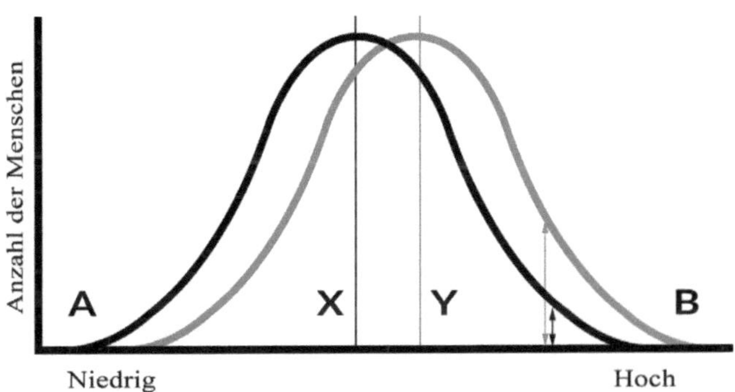

Normalverteilung

Ein verbreitetes Argument gegen die Bedeutung genetischer Unterschiede ist, dass die Ähnlichkeiten, die Überlappungen, zwischen Gruppen oft größer sind als die Unterschiede. Die Graphik (eine sogenannte Gauss-Kurve oder Normalverteilung) bildet ein solches Szenario ab. Gruppe 1 wird durch eine gepunktete Linie und Gruppe 2 durch eine durchgezogene Linie dargestellt.

Bezüglich vieler menschlicher Merkmale, wie Körpergröße, Intelligenz und Gewicht, scharen sich die meisten Menschen um den Durchschnitt herum. Zum Beispiel sind nur wenige Menschen entweder sehr groß oder sehr klein, die Größe der meisten Menschen liegt in der Nähe des Durchschnitts. Die Gauss-Kurve für die Körpergröße folgt grob dem Weg wie in obiger Graphik.

Aber wegen dieser Glockenform führt ein kleiner Anstieg des Mittelwerts (X und Y) zu einem großen Unterschied an den äußeren Enden der Horizontalachse (A und B), weil die Kurve schnell abfällt. Mit anderen Worten: Die Überlappung zwischen den beiden Kurven mag groß sein, aber die Anzahl der Ausreißer unterscheidet sich enorm. Die folgende Graphik zeigt, wie groß die prozentualen IQ-Unterschiede zwischen Jungen und Mädchen an den Extremwerten sind.[10] Bemerkenswerterweise sind Jungen sowohl bei den sehr niedrigen als auch bei den sehr hohen IQs überrepräsentiert.

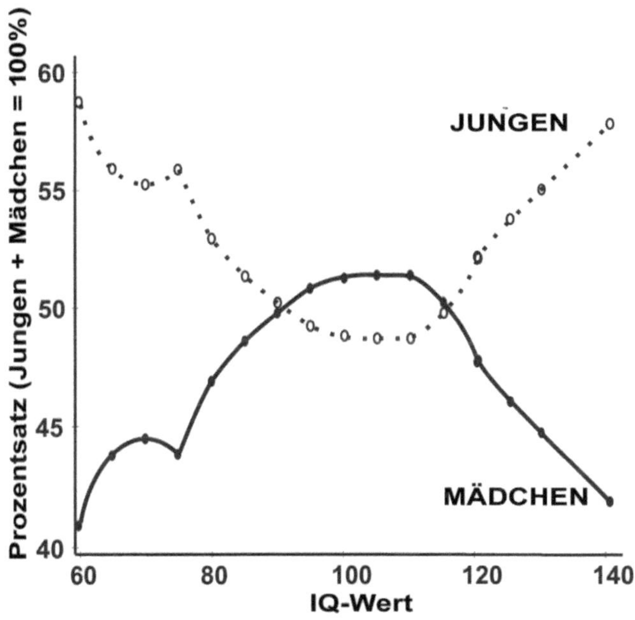

Auf die gleiche Weise unterscheiden sich Gruppen in allen möglichen anderen Merkmalen. „Gruppen“ kann in diesem Zusammenhang für Familien stehen, aber auch für Städte, Unternehmen, Völker, Länder, Kontinente, und so weiter.

Menschen und Tiere können genetische Unterschiede als Ergebnis unterschiedlicher Umgebungen entwickeln. Im 19. Jahrhundert beschrieb Charles Darwin (1809-1882) in seinem berühmten Buch „The Voyage of the Beagle“ („Die Reise der ‚Beagle‘“), wie die Schnäbel von Finken auf den verschiedenen Galapagos-Inseln sich wegen der unterschiedlichen verfügbaren Futterquellen durch natürliche Selektion in Größe und Form angepasst haben.

Auch Menschen unterliegen der natürlichen Selektion. Millionen Jahre lang haben Männer und Frauen unterschiedliche Rollen gespielt. Das hatte Konsequenzen in Form aller möglichen körperlichen Unterschiede wie Körperbau, Körperbehaarung, Größe, Muskelkraft, Hüftweite, Glatzköpfigkeit, Stimmlage, und so weiter. Verschiedenen Studien zufolge weisen die Geschlechter unterschiedliche Gehirne auf, zum Beispiel haben Frauen mehr Verbindungen zwischen der linken und der rechten Gehirnhälfte.[11]

Der renommierte niederländische Biologe Frans de Waal behauptet in seinem Buch „Sociobiology“: „Als Daumenregel kann man behaupten, dass Gebräuche, die sich je nach Land oder Volk unterscheiden, eine kulturelle Erklärung verlangen, während das, was fast alle Völker der Erde gemeinsam haben, biologisch determiniert sein wird.“ Daher hat die Tatsache, dass üblicherweise Männer die politischen und gesellschaftlichen Führungsfiguren sind, wahrscheinlich eine biologische Erklärung. Ein zusätzlicher Hinweis ist, dass fast alle Primaten denselben Geschlechterunterschied aufweisen.

Kognitive Ungleichheit

Tests haben gezeigt, dass sich Bevölkerungsgruppen auch in ihren Bildungsleistungen unterscheiden. Ein Beispiel ist der wohlbekannte Scholastic Assessment Test (SAT), den amerikanische Universitäten bei der Zulassung neuer Studenten anwenden. Dieser Test wird seit 1926 durchgeführt und zeigt, dass Asiaten durchgängig besser abschneiden als weiße, mexikanische und schwarze Studenten.

Ob die Unterschiede einen biologischen (angeborenen) Ursprung haben oder durch Umweltfaktoren (wie Armut, Ernährung und Bildung) determiniert werden, ist Gegenstand einer heftigen Debatte. Aber da die Unterschiede so beständig sind, ist ein biologischer Ursprung durchaus vorstellbar. Die SAT-Ergebnisse stehen auch gut im Einklang mit den gesellschaftlichen Erfolgen der unterschiedlichen Ethnien, die in der Graphik unten dargestellt sind.

Es wird oft behauptet, dass Tests wie der SAT kulturell voreingenommen und daher für Individuen aus nichtwestlichen Kulturen nicht verlässlich sind. Aber koreanische Immigranten zum Beispiel, die mit der amerikanischen Kultur nicht vertraut sind, schneiden ähnlich ab wie koreanische Amerikaner, die seit Jahrzehnten in den USA gelebt haben.

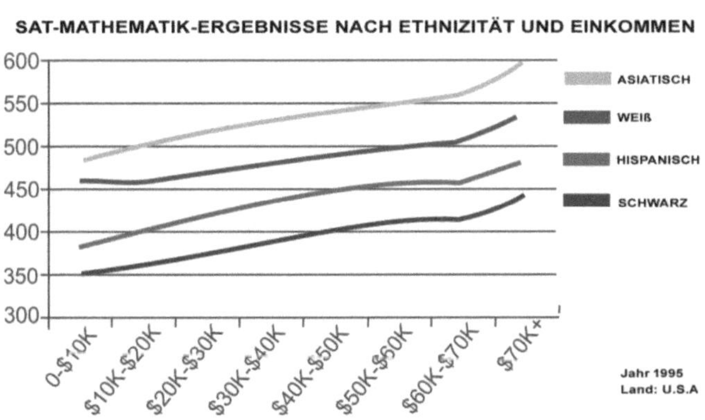

Manche deuten an, dass die Unterschiede in den Testergebnissen eine pädagogische Ursache haben. Zum Beispiel legen asiatische Eltern großen Wert auf Bildung und ermutigen ihren Nachwuchs dazu, sich hervorzutun. Ein solcher Umweltfaktor wird sicher eine Rolle spielen, aber das schließt einen angeborenen Faktor nicht aus. Man mag sich auch fragen, ob diese Neigung zur Gelehrsamkeit nicht genetisch ist. Forschungen des Minnesota Center for Twin and Family Research zeigen einen signifikanten Einfluss der Vererbung auf Bildungserfolge. Sie zeigten, dass sich adoptierte identische Zwillinge, die in unterschiedlichen Familien aufgewachsen sind, in Hinsicht auf ihre kognitiven Fähigkeiten ähnlicher sind als den Familienmitgliedern innerhalb der gleichen Adoptivfamilie, in der sie aufgewachsen sind.

Medizinische Unterschiede

Nicht alle genetischen Gruppenunterschiede werden von Egalitaristen als kontrovers angesehen. Innerhalb des Gesundheitswesens sind diese Unterschiede anerkannt und werden sogar nutzbringend angewendet. Unterschiedliche Ethnien leiden auf unterschiedliche Weise unter verschiedenen Krankheiten. Ein niederländisches Krankenhaus bietet eine spezielle „Hinduklinik“ für Menschen indischer Herkunft an, da „ihre Blutgefäße anders, oft enger, sind als bei anderen Bevölkerungsgruppen“. Auch aschkenasische Juden neigen zu größeren Gemeinsamkeiten bei bestimmten gesundheitlichen Problemen; sie leiden 30 Mal häufiger an der Tay-Sachs-Krankheit (einer unheilbaren Stoffwechselkrankheit) als die Gesamtbevölkerung.

Jüdische Paare, die eine Heirat in Betracht ziehen, lassen sich oft auf diese genetische Störung testen. Auf diese Weise können Eltern verhindern, dass sie ein unter Tay-Sachs leidendes Kind bekommen.

Aber ob Menschen gleich sind oder nicht, das macht im Prinzip keinen Unterschied für das fundamentale Recht auf Diskriminierung. Persönliche Freiheit bedeutet, dass man selber entscheiden kann, mit wem man Umgang pflegt, ohne dass man eine Rechtfertigung dafür liefern muss. Man darf auch die falschen Gründe dafür haben, mit anderen keinen Umgang zu pflegen. Angenommen, Sie möchten mit nur einem von zwei identischen Zwillingen befreundet sein, müssen sie dann beweisen, dass sie sich unterscheiden? Und umgekehrt: Kann eine Mutter ihr Kind mit Down-Syndrom genauso behandeln wie ihre begabte Tochter, oder muss sie zuerst beweisen, dass sie identisch sind?

Antisemitismus

Unsere Ungleichheit zu bestreiten und zu ignorieren, macht die Welt nicht besser. Unsere körperlichen Fähigkeiten, unsere Talente, unsere Motivation, unsere Intelligenz und unsere gesellschaftlichen Normen sind nicht dieselben. Dem berühmten amerikanischen Wissenschaftler Steven Pinker zufolge ist es tatsächlich sehr wichtig, diese Unterschiede zu erkennen. Denn wer biologische Ungleichheit bestreitet, wird Pinker zufolge stattdessen annehmen, dass zum Beispiel der gesellschaftliche Erfolg von Juden ungerechtfertigt ist. Statt ihren Erfolg Talent und harter Arbeit zuzuschreiben, könnte man Betrug und Verschwörung vermuten und dadurch eine potentielle Brutstätte für Antisemitismus bilden.

Fazit: Alles deutet darauf hin, dass es angeborene Unterschiede zwischen Gruppen von Menschen gibt, sowohl körperlich als auch mental. Wir sehen diese Unterschiede in zahllosen Kulturen rund um die Welt, die jahrhundertelang so gewesen sind. Sie können sowohl bei Babys als auch bei vielen Tierarten beobachtet werden.[12] Es erscheint sehr unwahrscheinlich, dass unterschiedliche evolutionäre Bedingungen einerseits unsere variierenden körperlichen Eigenschaften geformt haben, andererseits aber nicht unsere Gehirnstruktur.[13] Politische und gesellschaftliche Experimente zur Schaffung gleicher Menschen sind kläglich gescheitert. Der Gedanke angeborener Ungleichheit steht nicht nur im Einklang mit unseren persönlichen Beobachtungen, sondern auch mit mehreren wissenschaftlichen Studien.

Mythos 7: Nur weiße Männer können rassistisch und sexistisch sein

„Weiße sollten hinhören“, schrieb die progressive niederländische Zeitung „NRC Handelsblad“ in einer Schlagzeile im November 2015. Das war ein Zitat aus einem Interview mit vier Frauen, die Minderheiten angehörten. Aber es gab keine öffentliche Empörung über diese rassistische Aussage. Wäre „Weiße“ durch „Schwarze“ oder „Juden“ ersetzt worden, wäre die Zeitung beschuldigt worden, zum Rassenhass aufzuhetzen.

Progressive Aktivisten behaupten oft, dass Frauen per Definition nicht sexistisch und Farbige nicht rassistisch sein könnten, da die Macht in den Händen weißer Männer liegt, sie bilden die dominante Gruppe. Dieser Interpretation zufolge werden Rassismus und Sexismus durch Machtstrukturen definiert statt durch Ausschluss, Beleidigungen oder Verallgemeinerungen von Gruppen. Diese Definition steht in starkem Gegensatz zu dem, was Wörterbücher und Gesetzgeber denken, nämlich dass diese Formen von Diskriminierung auf Vorstellungen von der Überlegenheit und Unterlegenheit von Gruppen gegründet sind, nicht darauf, wer die Macht hat.

In einem Interview im Jahr 2001 sagte Sylvana Simons, eine niederländische Prominente, die später Politikerin wurde: „Wenn Sie auf schwarze Männer stehen, haben Sie ein Problem. Frauen, weiße und schwarze, die auf schwarze Männer stehen, sind oft einsam und geraten in dieselben Schwierigkeiten. Untreue, Unzuverlässigkeit, die Unfähigkeit solcher Männer, über Gefühle zu reden." Dieselbe Sylvana Simons gründete im Jahr 2017 „Article 1", eine politische Partei, die meinte, dass neue Polizeibeamte besser auf diskriminierende Ansichten überprüft werden sollten. Nach ihren eigenen Standards ist Simons also als Polizistin ungeeignet.

Im Juni 2016 widmete das niederländische Meinungsmagazin „Vrij Nederland" den Ideen der surinamisch-niederländischen Professorin Gloria Wekker und ihrer Aussage: „Es existiert keine weiße Unschuld" eine Titelgeschichte. Wo war die Empörung über dieses Cover? Wäre es ein weißer Professor gewesen, der gesagt hätte: „Es existiert keine schwarze Unschuld", wären die Leserzahlen der Zeitschrift schnell abgestürzt.

Die Filmregisseurin Sunny Bergman äußerte in ihrem antirassistischen Dokumentarfilm „White is a colour too": „Letztlich ist Rassismus ein Problem der Weißen." Glaubt sie wirklich, dass zum Beispiel Chinesen, Marokkaner und Inder keine Vorurteile bezüglich Hautfarbe und Herkunft haben? In Indien zum Beispiel wurden lange vor der britischen Kolonisierung des Landes Unterschiede bezüglich der Hautfarbe gemacht. Bei den ethnischen Konflikten in Ruanda 1994 starben mehr als eine halbe Million Bürger (größtenteils Tutsis) ohne dass Weiße beteiligt waren. Man kann zu der Schlussfolgerung gelangen, dass Rassismus nicht ausschließlich ein Problem der Weißen ist.

Diejenigen, die Ausgrenzung, Vorurteile und Verallgemeinerungen ablehnen, machen sich ihrer oft selbst schuldig. Sie predigen Gleichheit, klassifizieren aber gerne Menschen gemäß ihrer Herkunft, ihrer Ausrichtung und ihres Geschlechts. Bestimmte Gruppen dürfen diskriminiert und gekränkt werden (Männer, Weiße, Christen, Westler, Inländer, Heterosexuelle). Sie werden als die unterdrückerische oder privilegierte Gruppe angesehen. Andere Gruppen dagegen sollten nicht diskriminiert werden (Minderheiten, Nichtweiße, Juden, Muslime, Schwule, Frauen), da sie die Unterdrückten sind. Das ist die Logik des Häufleins der Gerechten.

In den Vereinigten Staaten säen progressive Online-Magazine Zwietracht unter dem Banner von Toleranz und Gleichheit. Die „Huffington Post" mit über 100 Millionen Besuchern monatlich, veröffentlicht schamlos Titel wie: „Elf Dinge, die Weiße über Rasse wissen müssen", „Ethnische Minderheiten verdienen sichere Räume ohne Weiße", „Weiße: Wenn ihr kein Teil der Lösung seid, seid ihr ein Teil des Problems".

„Buzzfeed" übertrifft das noch. Besucher können etwas lesen über „29 Dinge, die Weiße zerstört haben" (2014) oder „37 Dinge, die Weiße 2018 aufhören müssen, zu zerstören" (man beachte die Inflation von „Dingen"). „Buzzfeed" ist sicher keine Gruppe unbezahlter Studenten, die ihre Beschwerden online stellen, mit 1.700 Mitarbeitern erreicht das Unternehmen weltweit 650 Millionen Menschen.

Auch die britische Zeitung „The Guardian", die stolz auf ihre Fortschrittlichkeit ist, zieht für den Toleranzkreuzzug gerne in die Schlacht. Die Zeitung veröffentlicht Kommentare wie: „Trump hat Merkel das angetan, was Männer Frauen ständig antun", „Ich habe genug von Weißen, die meine Erfahrung bestreiten", „Es wird Zeit für Weiße, mit Rassismus zu rechnen", „Warum ich mit Weißen nicht mehr über Rasse spreche".

Anscheinend ist an weißen Männern eine Menge falsch. Man mag sich jedoch fragen, warum Menschen aus Afrika und dem Nahen Osten solche lebensgefährlichen Reisen in europäische Länder unternehmen, die von unterdrückerischen weißen Männern beherrscht werden. Leider fördert all diese verallgemeinernde Kritik nicht Verständnis und Zusammengehörigkeit, sondern Trennung. Auch macht sie Weißen ihre Ethnizität bewusster und nährt dadurch weißen Nationalismus.

Weiße Privilegien?

Weiße werden auch beschuldigt, „weiße Privilegien" zu genießen: der Gedanke, dass Weiße alle möglichen Vorteile genießen, nur weil sie weiß sind. Es stimmt, dass Weiße im Allgemeinen im Vorteil sind, wenn sie sich für einen Job bewerben oder ein Zimmer mieten. Es lässt sich nicht bestreiten, dass dies ein Vorteil ist. Aber verschiedene Gruppen von Menschen genießen alle Arten von inoffiziellen Privilegien: das Schönheitsprivileg, das IQ-Privileg, das Größen-Privileg, und so weiter.

Individuen besitzen Hunderte von Merkmalen, von denen einige hoch und andere niedrig bewertet werden, je nach den Umständen. Hat ein kleiner weißer Mann mehr Privilegien als ein großer schwarzer Mann? Beide genießen mindestens ein Privileg. Warum konzentriert man sich auf das weiße Privileg der einen Person und nicht auf das Größen-Privileg der anderen? Verschiedenen Studien zufolge sind große Menschen wohlhabender und erfolgreicher als kleine Menschen.[14] Ostasiaten, wie Chinesen und Japaner, übertreffen im Durchschnitt Weiße an Einkommen und Bildung. Warum werden also immer weiße Privilegien erwähnt, aber niemals asiatische Privilegien?

Juden haben sogar einen noch größeren gesellschaftlichen Erfolg als Ostasiaten. Und all das trotz der Tatsache, dass sie in jedem Land außer Israel eine Minderheit sind und in der Geschichte oft unterdrückt und sogar verfolgt und ermordet wurden. Warum also war der Hashtag „#OscarsSoWhite" („die Oscars sind so weiß") im Jahr 2015 auf Twitter so populär, und nicht „#HollywoodSoJewish" („Hollywood ist so jüdisch") oder „NobelPrizesSoJewish" („die Nobelpreise sind so jüdisch"). Schließlich gewinnen Menschen jüdischer Herkunft ein Viertel der Nobelpreise, während nur 0,25 Prozent der Weltbevölkerung Juden sind. Das bedeutet eine Überrepräsentanz um den Faktor 100. Stellt es nicht einen Fall von selektiver Empörung dar, dass man sich auf Weiße konzentriert und die Tatsache ignoriert, dass es in der Gesellschaft andere (Unter-) Gruppen gibt, die sogar noch erfolgreicher sind?

„Weiße Privilegien" suggeriert eine Art festgeschriebene Bevorzugung, als ob Gruppen keine gleichen Rechte genießen. Aber es gibt sie nicht deshalb, weil Weiße mehr Rechte genießen als andere. Auch andere Privilegien, wie Schönheits- oder Größe-Privilegien, sind nicht das Ergebnis von Sondergesetzen, die schöne oder große Menschen bevorzugen. Der Miss-Universe-Schönheitswettbewerb wird immer von einer schönen jungen Dame gewonnen. Ist das unfair gegenüber älteren Damen, die weniger attraktiv sind?

Geschlechterdiskriminierung

Auch Männer können immer noch schamlos diskriminiert werden. Im Jahr 2017 sagte der niederländische Bildungsminister Jet Bussemaker Universitäten fünf Millionen Euro für die Einstellung von 100 zusätzlichen Professorinnen zu.[15] Auch hier würde der Minister argumentieren, dass es sich nicht um Diskriminierung handele, weil diese affirmative action nicht „ungerechtfertigt" sei. Und zwar deswegen, weil es ein Missverhältnis der Geschlechter gebe, das korrigiert werden müsse. Wurde aber dieses Missverhältnis durch Diskriminierung verursacht, oder interessieren sich Frauen vielleicht weniger für Professorenstellen? Es wird einfach angenommen, dass Frauen und Männer die gleichen Fähigkeiten und die gleiche Motivation haben und dass Unterschiede im Ergebnis notwendigerweise die Folge von Diskriminierung sein müssen. Aber wie wir bereits im fünften und sechsten Mythos gesehen haben, scheint eine Gleichheit der Motivation zwischen den Geschlechtern unwahrscheinlich zu sein. Und außerdem: Warum sollte das Missverhältnis bei Spitzenjobs reduziert werden, aber nicht bei lausigen Jobs, die hauptsächlich von Männern ausgeübt werden, wie bei der Müllabfuhr oder dem Kohlebergbau?

Beim Verallgemeinern und Beleidigen von Männern hört es nicht auf, sie dürfen sogar physisch ausgegrenzt werden. Ein Fitnessstudio kann sich ohne zu zögern zum

„Ladies only"-Club erklären; das ist nicht verboten. Feministinnen rechtfertigen das, indem sie behaupten, Frauen würden in gemischten Fitness-Clubs oft belästigt. Das mag stimmen, aber warum sollte deshalb jeder Mann ausgegrenzt werden? Und könnten Nachtclubs dann auch bestimmte Minderheiten abweisen, wenn sie behaupten, diese tendierten dazu, andere Besucher zu belästigen? In vielen Ländern gibt es Parkplätze nur für Frauen (in der Nähe des Ausgangs, daher sicherer). Auch diese sexistische Diskriminierung führt nicht zu öffentlicher Empörung. Wenn man zwischen Männern und Frauen diskriminieren darf, weil die eine Gruppe mehr Verbrechen begeht als die andere, warum richten wir dann keine Parkplätze für weiße Männer ein? Laut Polizeistatistik begehen schwarze Männer deutlich mehr Verbrechen als Nichtschwarze.

Und was ist mit Nachtclubs, die Frauen freien Eintritt gewähren, aber von Männern verlangen, dass sie bezahlen, oder die das Mindestalter für Männer auf 21 setzen, Frauen aber ab 18 einlassen? Wenn das nicht Sexismus und Ageismus ist, was ist es dann? Natürlich sollte es dem Eigentümer überlassen bleiben, wen er einlässt. Aber warum werden Antidiskriminierungsgesetze nicht konsistent angewendet? Liegt es daran, dass zurzeit nur Männer benachteiligt werden? Tatsächlich sind Geschlechterunterschiede bei den Einlass-Strategien sehr nützlich, sogar für Männer, da es im Interesse aller Besucher liegt, wenn annähernd so viele Männer wie Frauen angelockt werden. Eine differenzierte Preis- und Einlass-Strategie ist ein einfaches und effektives Mittel, um dies zu erreichen.

Wie im vierten Mythos dargelegt wurde, ist im Prinzip nichts falsch an Verallgemeinerungen. Aber viele, die andere dafür verdammen, dass sie verallgemeinern, legen genau dasselbe Verhalten an den Tag. Viele Feministinnen reagieren wütend auf Verallgemeinerungen bezüglich Frauen, haben aber kein Problem mit Verallgemeinerungen (und Kriminalisierungen) bezüglich Männern. Zum Beispiel werden Männer oft des „Mansplaining" beschuldigt, einer Kombination aus „man" (Mann) und „explaining" (erklären), deutsche Variante „Er-klären". Der Begriff wurde für solche Fälle geprägt, in denen Männer einer Frau etwas auf herablassende Weise erklären, als ob sie dumm wäre. Es ist bemerkenswert, dass ein solch sexistischer Ausdruck so oft von Feministinnen verwendet wird. Manche beschweren sich auch über „Manspreading", wenn Männer bei der Nutzung öffentlicher Verkehrsmittel breitbeinig dasitzen. Nehmen Frauen niemals zu viel Platz weg, zum Beispiel, indem sie ihre Handtasche auf den Nebensitz stellen? Sollten wir nicht einfach jeden und jede bitten, sich rücksichtsvoll gegenüber anderen Fahrgästen zu verhalten, statt Männer herauszuheben?

Diskriminierung ist unvermeidbar

Es ist unmöglich, konsistent nicht-diskriminierend zu sein. Diejenigen, die Diskriminierung völlig ablehnen, können nur Heuchler sein. Jede Auswahl, die Menschen betrifft, schließt eine bestimmte Gruppe aus. Egal wie sehr man versucht, eine diversifizierte Belegschaft zu schaffen (und Fähigkeiten und Erfahrung zurückzustellen), die meisten Gruppen können nicht ausreichend repräsentiert werden. Es ist schon eine gewisse Herausforderung, in einer IT-Firma genug Schwule, Muslime und Frauen einzustellen, aber dabei hat man noch Tausende anderer Gruppen ausgelassen, wie Vegetarier, Senioren, Autisten, Transgender, Pädophile, Motorradfahrer, Pygmäen, Zwerge, Eskimos, Riesen, Übergewichtige, Lederfetischisten, geistig Behinderte, Magersüchtige, und so weiter. Die Liste ist endlos. Selbst wenn eine Firma genug Nicht-Heteros einstellt, kann ihr immer noch ein unausgewogenes Verhältnis von Transgendern zu Schwulen vorgeworfen werden. Es ist unmöglich, „ausgewogen“ zu sein.

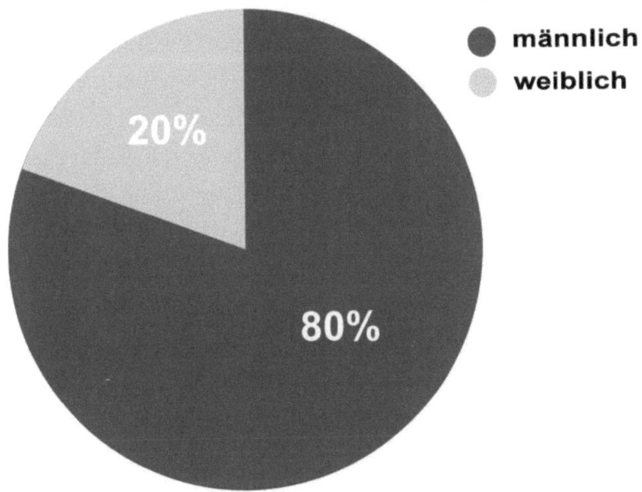

Quelle: CBS Statline

Die gläserne Decke gegen den gläsernen Boden

Es wird gesagt, dass Männer von männlichen Privilegien profitieren, dass sie automatisch alle möglichen gesellschaftlichen Privilegien genießen. Aber haben Männer wirklich solche Privilegien?

Die Unzufriedenheit mit männlichen Privilegien scheint ziemlich selektiv zu sein. In fast jedem Land der Welt leben Frauen länger als Männer. Bei 80 Prozent der Scheidungen wird Frauen das Sorgerecht für die Kinder zugesprochen. Vier von fünf Obdachlosen sind männlich, 93 Prozent aller Arbeitsunfälle stoßen Menschen mit einem Penis zu, dasselbe gilt für 97 Prozent der Kriegsopfer. Männer begehen drei bis vier Mal öfter Selbstmord als Frauen und fallen drei Mal so oft einem Mord zum Opfer. Männer erledigen die meisten gefährlichen Arbeiten und bekommen für das gleiche Vergehen höhere Strafen, was tatsächlich eine Form institutionalisierter Diskriminierung ist. Einer amerikanischen Studie von Sonja Starr, Professorin an der University of Michigan, aus dem Jahr 2012 zufolge („Estimating Gender Disparities in Federal Criminal Cases") fallen Strafen, zu denen Männer verurteilt werden, 63 Prozent höher aus als die für Frauen. Der Gender Gap bei Gerichtsurteilen war sechs Mal größer als der Unterschied zwischen den Urteilen für Weiße und für Schwarze, den Starr in einer früheren Studie entdeckt hatte.

Ein Mann zu sein, zieht daher nicht nur Vorteile nach sich, sondern auch große Nachteile. Sind Männer an diesen Beeinträchtigungen schuld, weil sie zu dumm, unvorsichtig und unverantwortlich sind? Sind die unglückliche

Stellung von Männern am Boden der Gesellschaft und die geringe Repräsentanz von Frauen an ihrer Spitze beide das Verschulden der Männer? Anscheinend ist das so. Wenn es nach Feministinnen geht, scheint alles die Schuld von Männern, des Patriarchats, der männlichen Vorherrschaft zu sein.

Auch das Thema häusliche Gewalt ist nicht so schwarzweiß, wie Feministinnen es darstellen. Die Idee, dass Frauen die Opfer und Männer die Täter sind, wird durch die Fakten nicht gestützt. Im Jahr 2010 veröffentlichte das britische Innenministerium einen Bericht, aus dem hervorging, dass 40 Prozent aller Opfer häuslicher Gewalt männlich sind. Aber weniger als ein Prozent aller Notunterkünfte nehmen Männer auf (60 gegenüber 7.500).[16] In den Niederlanden ist das Verhältnis laut der Studie „Domestic violence in the Netherlands“ aus dem Jahr 2011 ähnlich. Es wird angenommen, dass die tatsächlichen Zahlen für Männer sogar noch höher sind, da sie von Behörden und Kommunen oft nicht ernst genommen werden. In den gesamten USA gibt es nur eine Notunterkunft, wo männliche Opfer häuslicher Gewalt willkommen sind. Dieses Buch beabsichtigt nicht, die Privilegien beider Geschlechter gegeneinander aufzurechnen. Der Punkt ist, dass die gesamte Diskussion über Geschlechterprivilegien in der Gesellschaft derzeit in einer Schieflage ist. Nach und nach ist die Ansicht aufgekommen, dass nur Männer gesellschaftliche Vorteile genießen und Frauen nur Nachteile erleiden. Dieses Bild verdient eine Korrektur.

Alles in allem scheinen „Social Justice Warriors“ (SJWs) unter selektiver Empörung zu leiden. Zunächst sind viele sogenannte „privilegierte“ Gruppen oft auch benachteiligt, zum Beispiel werden Männer einberufen und in den Krieg geschickt. Zweitens machen sich die SJWs dessen schuldig, was sie anderen vorwerfen: Beleidigungen, Verallgemeinerungen, Ausgrenzung und Polarisierung. Rassismus und Sexismus sind daher nicht ausschließlich Probleme weißer Männer.

Mythos 8:
Antidiskriminierungsgesetze funktionieren

Ein bekanntes Sprichwort besagt, dass der Weg zur Hölle mit guten Absichten gepflastert ist. Tatsächlich können sich gute Absichten als kontraproduktiv herausstellen. Das trifft auch auf Gesetze gegen Diskriminierung zu, wie die folgenden Beispiele verdeutlichen.

Charee Stanley, eine amerikanische Flugbegleiterin, weigerte sich, Passagieren Alkohol zu servieren, da ihr islamischer Glaube es ihr verbot. ExpressJet, ihr Arbeitgeber, entließ sie daraufhin, worauf sie ihn erfolgreich verklagte. Die Fluglinie musste ihre Entlassung zurücknehmen und ihr eine Entschädigung zahlen (man mag sich fragen, warum einem christlichen Bäcker eine Geldstrafe auferlegt wird, weil er sich weigerte, einen Kuchen für eine Schwulenhochzeit zu backen). Eine andere muslimische Frau, Samantha Elauf aus Oklahoma, USA, hatte ein Vorstellungsgespräch bei der Modekette Abercrombie & Fitch. Sie wurde bei der Besetzung der Stelle übergangen, weil sie ein Kopftuch trug. Die Modefirma wendet bei ihren Handelsvertretern einen strengen Dresscode an. Samantha reichte erfolgreich Klage ein. Dem Gericht zufolge war sie das Opfer unbeabsichtigter religiöser Diskriminierung geworden, und es wurden ihr 20.000 Dollar wegen des emotionalen und ökonomischen Schadens zugesprochen.

Führen diese Gerichtsentscheide dazu, dass Muslime als Bewerber um einen Job attraktiver werden? Wahrscheinlich nicht. Wenn eine Firma Angestellte, die einen Hidschab oder einen Niqab tragen, ablehnt, dann wird sie von jetzt ab weniger Job-Bewerber mit einem Arabisch klingenden Namen einladen. Wenn es einem nicht erlaubt ist, spezifisch zu diskriminieren, tendiert man dazu, es allgemeiner zu tun. Auch ExpressJet wird mit geringerer Wahrscheinlichkeit Muslime einstellen, auch wenn das Unternehmen gerne ein Lippenbekenntnis zu „Diversität" und „Inklusion" ablegen wird. Das Gesetz ermutigt also Diskriminierung. Auch wenn die beiden Damen es geschafft haben, eine stattliche Entschädigung einzustreichen, so haben sie ihren islamischen Brüdern und Schwestern sicherlich keinen Gefallen getan.

Die unbeabsichtigte Folge der Antidiskriminierungsgesetze und ihrer oft selektiven Durchsetzung ist, dass junge, weiße, gesunde atheistische Männer als Arbeitnehmer begehrter geworden sind. Durch ihre Einstellung gehen Unternehmen das geringste Risiko ein, der Diskriminierung bezichtigt zu werden. Bei einem muslimischen, behinderten oder weiblichen Arbeitnehmer fährt der Arbeitgeber ein erhöhtes Risiko, der Diskriminierung bezichtigt und verklagt zu werden. Bei jeder Entscheidung und jeder Interaktion muss der Arbeitgeber aufpassen, nicht der Diskriminierung bezichtigt zu werden. Selbst wenn er den Rechtsstreit gewinnt, kann eine schlechte Publicity riesige Schäden verursachen. Als Ellen Pao eine Klage gegen ihren ehemaligen Arbeitgeber Kleiner Perkins anstrengte, erlitt die Investmentfirma einen enormen Schaden an ihrer Reputation, obwohl sie vor Gericht freigesprochen wurde. Während des Verfahrens wurden alle möglichen ungeschickten E-Mails über ihre Kunden bekannt. Viele Eigentümer von Unternehmen werden daher denken (aber nicht öffentlich sagen): „Wenn ich weniger Frauen einstelle, gehe ich weniger Risiken ein."

Die Gesetze lassen im Unklaren, welche Unterscheidungen gemacht werden dürfen und welche nicht, und stellen daher ein Minenfeld für Arbeitgeber dar. Wenn Muslime bei der Arbeit ein Kopftuch tragen dürfen, könnten Buddhisten dann auch orangefarbene Roben tragen?[17] Welche religiösen Forderungen müssen vom Arbeitgeber erfüllt werden? Sollten alle Kirchen auch schwule Paare trauen? Diese absurde Gesetzgebung führt zu einer erheblichen Rechtsunsicherheit, das es gewöhnlich im Voraus nicht klar ist, wie der Richter das Gesetz auslegen wird. Normalerweise zieht man das Gesetzbuch zu Rate, wenn man wissen will, was erlaubt ist und was nicht, nun aber muss man darauf warten, dass der Richter es entscheidet. Und da die Gesetze auch recht selektiv ausgelegt werden, führt dies auch zu Rechtsungleichheit.

Für die Befürworter individueller Freiheit ist die Sache einfach und klar: Man kann jeden entlassen, aus welchem Grund auch immer. In ähnlicher Weise kann ein Hausbesitzer dem von ihm beauftragten Klempner kündigen (vorausgesetzt, dass dies innerhalb des Rahmens geschieht, auf den man sich geeinigt hat). Der Kunde braucht keinen guten Grund dafür anzugeben; selbst wenn der Grund der ist, dass ihm die Socken des Klempners nicht gefallen, ist das rechtlich okay. Jemanden gegen seinen Willen beschäftigen zu müssen, ist eine Form von Diebstahl, denn man wird gezwungen, jemanden zu bezahlen, den man nicht beschäftigen möchte.

Es scheint also so zu sein, dass die Antidiskriminierungsgesetzgebung zu unerwünschten Nebenwirkungen führt. Oft können wir diese Effekte nicht beobachten oder quantifizieren, denn während Menschen lauthals für Diversität und Inklusion werben, sind sie so klug, ihr eigenes ausgrenzendes Verhalten nicht zu erwähnen. Die Logik menschlichen Handelns schreibt vor, dass Unternehmen ihr Risiko zu minimieren suchen. Die Gesetzgebung führt nicht dazu, dass ihre Vorlieben und Voreingenommenheiten sich plötzlich ändern, sondern dass diejenigen Gruppen, die bereits unter Diskriminierung leiden, sogar noch mehr diskriminiert werden. Für diejenigen, die sich Sorgen über die Notlage von Minderheiten und Frauen auf dem Arbeitsmarkt machen, sollten diese Gesetze am besten aufgehoben werden, wie paradox dies auch immer scheinen mag. Um bessere Ergebnisse zu erzielen, sollten wir uns nicht allein von guten Absichten leiten lassen.

Mythos 9: Affirmative Action funktioniert

„Bei gleicher Qualifikation sind … zu bevorzugen.“ Viele glauben, dass die Bevorzugung bestimmter diskriminierter Gruppen diese auch stärke. Aber es gibt gute Gründe dafür, dies nicht zu glauben.

Viele westliche (halb-) staatliche Institutionen wie Ministerien und Hochschulen folgen einem „Affirmative Action“-Programm für Frauen und Minderheiten. Dies resultiert of in niedrigeren Zulassungsbedingungen oder darin, dass ein Kandidat, der oder die einer Minderheit angehört, ausgewählt wird, wenn man ihn oder sie für gleich gut geeignet hält. Es gibt auch regelrechte Quoten, wobei Kandidaten aus bestimmten überrepräsentierten Gruppen nicht einmal in Betracht gezogen werden. An vielen amerikanischen Universitäten werden Angehörige unterrepräsentierter Minderheiten zugelassen, selbst wenn sie schlechtere Leistungen beim Studierfähigkeitstest SAT erbringen.

Stigma

Aber verbessern diese Prioritätsprogramme wirklich die gesellschaftliche Position der Zielgruppen? In der Praxis führen sie zu unerwünschten Nebenwirkungen. Die erste betrifft die Stigmatisierung. Schließlich kennen wir die zum Beispiel die Ausdrücke „Quotenfrau“ oder „Quotenschwarzer“ in Fällen, in denen jemand nicht wegen seiner oder ihrer eigenen Verdienste ausgewählt wird. Wenn ein

Doktor der Medizin seinen Abschluss an einer Universität mit einem Prioritätsprogramm zur Förderung von Minderheiten gemacht hat, werden die Patienten dann diesem Arzt mehr oder weniger Vertrauen entgegenbringen? Wie kann der Doktor beweisen, dass er seinen Studienabschluss nicht mit Hilfe von Affirmative Action erlangt hat? Eine Vorzugsbehandlung stigmatisiert die ganze Minderheit, einschließlich derer, die ohne Vorzugsbehandlung erfolgreich waren. Patienten werden daher geneigt sein, Ärzte zu wählen, die nicht diesen Minderheiten angehören. Und was geschieht, wenn bekannt wird, dass Delta Airlines für Piloten, die einer Minderheit angehören, lockerere Zulassungskriterien anwendet? Werden die Passagiere mehr oder weniger Tickets von Delta Airlines kaufen?

Eine weitere Nebenwirkung ist, dass bevorzugte Studenten mit größerer Wahrscheinlichkeit demotiviert werden und abbrechen. In ihrem Buch „Mismatch: How Affirmative Action Hurts Students It‘s Intended to Help“ schreiben Richard Sander und Stuart Taylor, dass schwarze Jurastudenten, die über Affirmative Action zugelassen worden waren, ihr Studium doppelt so oft wie ihre weißen Kommilitonen vorzeitig abbrachen. Die bevorzugten Studenten fanden sich auf einmal unter lauter Studenten mit besseren Leistungen und wurden entmutigt. Wären sie allein auf der Grundlage ihrer Leistungen ausgewählt worden, wären sie wahrscheinlich erfolgreicher gewesen.

Es gibt auch eine allgemeine ökonomische Nebenwirkung. Indem bestimmte Individuen auf Kosten solcher Menschen begünstigt werden, die ein höheres Bildungsniveau an den Tag legen, wird das Potential der Letzteren nicht voll ausgeschöpft. Es ist nicht die richtige Person in der richtigen Position, was zu wirtschaftlichem Verlust führt.

Frauenquoten

Norwegen, das als weltweit führend in Sachen Gleichheit angesehen wird, war eines der ersten Länder, die Frauenquoten für Führungspositionen in Unternehmen einführten. Die norwegische Regierung verfügte im Jahr 2003, dass 40 Prozent der Aufsichtsräte von Firmen, die an der norwegischen Börse notiert waren, weiblich sein sollten.

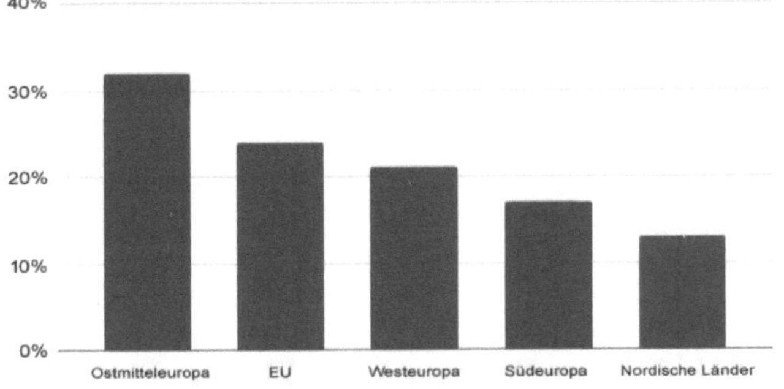

Laut der renommierten britischen Zeitschrift „The Economist“ hat dieses Gesetz dazu geführt, dass Hunderte von Firmen (384 von 563) an der norwegischen Börse ausgelistet wurden. Andere Firmen schufen alle möglichen erfundenen Führungspositionen, um sie mit Frauen zu besetzen und so dem Gesetz Genüge zu tun.

Haben die egalitären Maßnahmen in Norwegen zu mehr weiblichen Führungskräften geführt? Abgesehen davon, dass Quoten erfüllt wurden, wird unter einem weiteren Blickwinkel deutlich, dass Frauen möglicherweise schlechter gestellt sind als vorher. In seinem Buch „The Nordic Gender Equality Paradox“ legt Nima Sanandaji dar, dass Frauen unter anderem durch die hohen Steuern in Skandinavien und den umfassenden Wohlfahrtsstaat vom Erreichen von Spitzenpositionen abgehalten werden. Andere erklären dieses Paradox mit dem Argument, dass Frauen in wohlhabenden Ländern, wo sie mehr Spielraum für die Gestaltung ihrer eigenen Karriere haben, sich voraussichtlich für traditionellere weibliche Rollen entscheiden.[18] Das Gesetz mag auch norwegische Frauen davon abgehalten haben, an die Spitze der Unternehmensleitung zu klettern, denn warum sollte man sich besonders anstrengen, wenn die eigenen Chancen, eine Spitzenposition zu erreichen, plötzlich per Gesetz gesteigert werden?

Jim Crow

„Affirmative Action“ klingt vernünftig und gut gemeint, aber es ist nichtsdestotrotz Diskriminierung. Gewöhnliche Diskriminierung wird abgelehnt, weil sie den Charakter oder die Stärken eines Individuums nicht angemessen gewichtet. Aber das trifft auch auf Affirmative Action zu, bei der jemandes Geschlecht oder Hautfarbe entscheidend ist. Die Bevorzugung vom jemandem wird manchmal durch die Erklärung gerechtfertigt, sie sei der Ausgleich für historisches Unrecht, das bestimmten Gruppen angetan worden sei. Schwarze in den USA haben ein Recht auf Affirmative Action, weil ihre benachteiligte Position das Ergebnis der Sklaverei (die 1865 abgeschafft wurde) und der Jim-Crow-Gesetze im Süden ist. Bis 1965 hatten schwarze Amerikaner nicht das gleiche Wahlrecht, und in bestimmten Bundesstaaten war die Rassentrennung obligatorisch. Zum Beispiel saßen in vielen südlichen Bundesstaaten Schwarze und Weiße in Bussen getrennt.

Natürlich sind all diese Gesetze eine krasse Verletzung individueller Freiheitsrechte, und es ist nur richtig, dass all diese Beschränkungen abgeschafft wurden. Werden aber historische Misshandlungen durch bevorzugte Behandlung beseitigt? Das ist eine seltsame Vorstellung: Heutige Menschen, die niemals Sklaven hatten, sollen solche entschädigen, die niemals Sklaven waren. Darüber hinaus ist es fraglich, ob das Wohlergehen von Nachkommen durch die Ausgrenzung ihrer Vorfahren in der Vergangenheit negativ beeinflusst wird.

Affirmative Action hat also negative Auswirkungen. Darüber hinaus ist sie genauso unmoralisch wie herkömmliche Diskriminierung. Denn auch hier werden Menschen nicht anhand ihrer Fähigkeiten beurteilt, sondern anhand ihrer Geschlechtsorgane und ihrer Herkunft. Außerdem sind solche Programme oft kontraproduktiv und sollten daher besser abgeschafft werden. Sie erzeugen ein Stigma für jeden, der zu der bevorzugten Gruppe gehört, selbst für diejenigen, die keine Sonderbehandlung erfahren haben. Drittens werden die bevorzugten Gruppen nicht gestärkt, denn warum sollte man härter arbeiten, wenn man weiß, dass man bevorzugt behandelt wird oder dass man ein Quoten-Individuum ist, das nur ausgewählt wurde, um Bestimmungen zu erfüllen?

Mythos 10: Gleiche Bezahlung verringert den Gender Pay Gap

Eine verbreitete Klage von Feministinnen lautet, Frauen würden für die gleiche Arbeit deutlich schlechter bezahlt als Männer. Gesetze zur Bekämpfung dieser Ungleichheit gibt es seit Jahren. Bereits 1963 unterzeichnete Präsident John F. Kennedy den „Equal Pay Act", der eine ungleiche Bezahlung der Geschlechter verbietet. Es wird jedoch behauptet, der „Pay Gap" sei weit davon entfernt, überbrückt zu sein. Untersuchungen zufolge könnte er sogar 20 Prozent betragen.[19]

Feministinnen behaupten, dies sei auf diskriminierende Arbeitgeber zurückzuführen, und zahlreiche Berichte scheinen dies zu unterstützen. Aber nicht jeder ist überzeugt. Dr. Warren Farrell behauptet in seinem Buch „Why Men Earn More", dass Diskriminierung nur eine geringe Rolle spielt. Ihm zufolge beruht der Unterschied darauf, dass Männer öfter in Vollzeit arbeiten, besser bezahlte Berufe wählen, öfter gefährliche und schwere Jobs erledigen, und bereit sind, weitere Strecken zu pendeln als Frauen. Farrell behauptet sogar, Untersuchungen hätten gezeigt, dass der Pay Gap in Wirklichkeit in der anderen Richtung existiert. Vergleicht man Frauen und Männer, die niemals verheiratet waren und keine Kinder haben, stellt sich heraus, dass Frauen 15 Prozent mehr als Männer verdienen!

Wer hat nun recht? Leider ist es schwierig, auf der Basis von Untersuchungen die wirkliche Ursache zu bestimmen. Die eine Analyse sagt A, die andere widerspricht dem. Und oft ist unklar, wie die Untersuchung durchgeführt wurde. Außerdem gibt es so viele Variablen (Beruf, Arbeitszeit, krankheitsbedingte Ausfälle, Strecke, die gependelt wird, Berufserfahrung), dass es fast unmöglich ist, die einzelne Variable „Diskriminierung" zu messen. Zum Glück können wir jedoch ein paar logische Fragen stellen, die einen Hinweis darauf geben können, ob Diskriminierung wirklich der Schuldige ist.

Rein weibliche Firmen

Die erste logische Frage, die wir stellen können, ist: Wenn es möglich ist, Frauen weniger dafür zu bezahlen, dass sie den gleichen Job genauso gut erledigen, wo sind die reinen Frauenfirmen? Wo sind all die geldgierigen Unternehmer, die nur billige Frauen einstellen? Sie könnten auf diese Weise einen größeren Profit machen, da Arbeitskosten im Allgemeinen einen großen Anteil der gesamten Betriebskosten ausmachen. Rein weibliche Firmen könnten die Preise senken und so die Konkurrenz schlagen. Aber es gibt sie kaum. Sind alle Unternehmer so irrational, dass ihre Geringschätzung für Frauen ihre Wertschätzung des Geldes aufwiegt? Das scheint sehr unwahrscheinlich zu sein. Aber selbst wenn Sexismus schuld war, warum gründen Frauen nicht selber weibliche Unternehmen? Sie könnten sogar mit Sprüchen wie „Qualität aus Frauenhand" werben, so dass Befürworter von Inklusivität und Diversity genau wissen, welche Produkte und Dienstleistungen sie kaufen sollen, so wie bei Bezeichnungen wie „umweltfreundlich" oder „100 Prozent glutenfrei".

Man könnte meinen, dass Arbeitgeber gute Gründe dafür haben, Frauen im Durchschnitt weniger bezahlen zu wollen. Im Gegensatz zu Männern können Frauen schwanger werden, und ein Mutterschaftsurlaub ist belastend und teuer für ein Unternehmen. Einer Studie der niederländischen Zentralen Statistikbehörde aus dem Jahr 2017 zufolge fehlen Frauen deutlich öfter krankheitsbedingt am Arbeitsplatz als Männer.

„In dem Fall nehme ich den Mann!"

Aber selbst wenn es zuträfe, dass Arbeitgeber himmelschreiende Geschlechterdiskriminierung betreiben: Sind Gesetze, die gleiche Bezahlung vorschreiben, effektiv? Kann der Staat Arbeitgeber dazu zwingen, unterschiedliche Arbeitnehmer gleich zu bezahlen, selbst wenn sie selber diese nicht als gleichwertig ansehen (abgesehen von den moralischen Bedenken gegen diesen Zwang)? Oder sind solche Gesetze kontraproduktiv? Wenn Arbeitgeber weibliche Arbeitnehmer als für die gleiche Arbeit weniger wert einschätzen als Männer (ob zu Recht oder zu Unrecht, spielt hier keine Rolle) und der Staat anordnet, sie sollten gleich bezahlt werden, wie würden die Arbeitgeber dann reagieren? Sie würden größtenteils Männer einstellen wollen. Wer Steak gegenüber Hackbraten bevorzugt, wird, wenn ihr Preis identisch ist, Steak kaufen. In der Praxis führt dieses Gesetz daher zu einer stärkeren Diskriminierung von Frauen auf dem Arbeitsmarkt, mit dem Ergebnis, dass sie seltener eingestellt werden.

Manche Arbeitgeber zahlen Frauen tatsächlich mehr als Männern. Ein Beispiel ist die Pornoindustrie, eine

Branche, die oft als frauenfeindlich angesehen wird. Haben die männlichen Pornoproduzenten vergessen, dass sie sexistisch sind? Oder gibt es vielleicht ein größeres Angebot an qualifizierten Männern als an Frauen?

Selbst wenn also alle möglichen Studien auf einen Pay Gap hindeuten, so ist das kein Beweis für Diskriminierung. Es könnte sein, dass die Studien nicht dieselben Umstände vergleichen und Variablen wie die größeren Pendeldistanzen und längeren Arbeitszeiten von Männern nicht berücksichtigen. Darüber hinaus macht es aus Sicht eines Unternehmens sehr wenig Sinn, Männern mehr zu bezahlen, nur weil sie Männer sind. Gesetze, die gleiche Bezahlung vorschreiben, bewirken das Gegenteil dessen, was sie beabsichtigen, indem sie Diskriminierung von Frauen am Arbeitsmarkt und dadurch eine größere Frauenarbeitslosigkeit fördern. Im nächsten Kapitel wird erklärt, warum andere staatlichen Maßnahmen ebenfalls Diskriminierung fördern, statt sie zu verringern.

Mythos 11: Staatliche Programme reduzieren Diskriminierung

Staaten unternehmen immer mehr, um Diskriminierung zu bekämpfen. Sie finanzieren Anzeigenkampagnen und subventionieren Notrufstellen, und einige niederländische Politiker befürworten sogar den Einsatz sogenannter „Lockvogel-Juden“ und „Lockvogel-Minderheiten“, um Diskriminierung zu beweisen.[20] Staaten verhängen schwerere Strafen, gehen immer härter gegen Beleidigungen vor, und die Anzahl der persönliche Merkmale, bezüglich derer nicht diskriminiert werden darf, wächst (Transgender, Behinderung, Körpergewicht, und so weiter). Man könnte erwarten, dass all diese Maßnahmen Diskriminierung reduziert haben und dass gute Absichten zu positiven Resultaten geführt haben.

Es ist jedoch unwahrscheinlich, dass diese Maßnahmen besonders hilfreich sind, denn Unterschiede zu machen ist sowohl menschlich als auch logisch. Die sogenannte unberechtigte Unterscheidung, die Staaten zu bekämpfen versuchen, ist oft nicht ungerechtfertigt. Auf Dating-Seiten werden arme, kleine, glatzköpfige, dicke Männer heftig diskriminiert. Wäre es wirklich hilfreich, wenn Staaten versuchen würden, Frauen davon zu überzeugen, diese auch zu daten („Zeige Klasse, wähl‘ die Glatze!“)? Natürlich nicht. Menschen behalten ihre Vorlieben bei, und es kann auch sehr nützlich sein, sich von Vorurteilen leiten zu lassen.

Es ist schwer zu quantifizieren, ob alle Maßnahmen tatsächlich geholfen haben, denn die Menschen sind diesbezüglich nicht aufrichtig, aber oft scheint dies nicht der Fall zu sein. Ausgrenzung in Schulen und Nachbarschaften findet trotz aller möglichen Staatseingriffe weiterhin statt. Die Arbeitslosigkeit unter Schwarzen und Einwanderern ist immer noch um ein Vielfaches höher als der Durchschnitt. Trotz aller Beschränkungen von Diskriminierung fanden kriminologische Untersuchungen in den Niederlanden sogar heraus, dass Arbeitgeber es bevorzugen, vorbestrafte einheimische Niederländer einzustellen, statt Angehörige von Minderheiten ohne Vorstrafen.[21]

Leider verursacht der Staat auf unterschiedliche Weise mehr Diskriminierung, nicht weniger. Erstens bewirken viele Maßnahmen das Gegenteil des Beabsichtigten, wie im achten Mythos ausgeführt wurde. Zweitens betreibt der Staat Affirmative Action, was tatsächlich recht positiv klingt, aber denjenigen sehr schadet, die ausgegrenzt werden, weil sie männlich oder weiß sind (siehe neunter Mythos). Es gibt jedoch eine Art von Gesetzen, die sogar noch mehr Diskriminierung erzeugen, Gesetze, die auf den ersten Blick gar nichts mit Diskriminierung zu tun zu haben scheinen.

Ein Großteil der Klagen über Ausgrenzung beziehen sich auf den Arbeitsmarkt, auf Menschen die wegen ihres Geschlechts, ihrer Herkunft, ihrer Orientierung, ihrer Behinderung und Ähnlichem eine geringere Chance haben, einen Job zu ergattern. Dieser Ärger ist verständlich, denn Arbeit gegen Bezahlung ist für ein Individuum essentiell, sie fördert Eigenständigkeit, Selbstachtung, Status und soziale Interaktion. Aber paradoxerweise ist es staatliche Politik, die Diskriminierung in Arbeitsverhältnissen fördert.

Diskriminierung der schlecht Ausgebildeten

Im vorigen Mythos wurde gezeigt, dass der Gender Pay Gap durch Gesetze noch erweitert wird. Dasselbe gilt für den Mindestlohn: Unabsichtlich fördert er Ausgrenzung. Der gesetzliche Mindestlohn diskriminiert geringqualifizierte Individuen. Wessen Produktivität zehn Euro pro Stunde beträgt, während der Mindestlohn bei 15 Euro pro Stunde liegt, der ist überteuert. Schließlich würde ein Arbeitgeber einen Verlust von fünf Euro pro Stunde erleiden, wenn er ihn einstellt. Der Mindestlohn ist einer der Gründe für die hohe Arbeitslosenquote unter Minderheiten – er ist im Grunde ein Gesetz zur Schaffung von Arbeitslosigkeit. Denn Angehörige von Minderheiten sind im Durchschnitt schlechter ausgebildet und haben geringere Sprachfähigkeiten als die Gesamtbevölkerung.

Viele wohlmeinende Menschen versuchen, die Belastung von Minderheiten zu mildern, indem sie einen höheren Mindestlohn fordern. Aber wenn jemand schon für zehn Euro pro Stunde nicht eingestellt wird, warum sollte er den Job für 15 Euro bekommen? Wer möchte, dass seine guten Absichten zu positiven Ergebnissen führen, ist gut beraten, die ökonomische Realität zu berücksichtigen. Der Mindestlohn erhöht in Wirklichkeit keine Löhne, sondern zerstört vielmehr Niedriglohnjobs. Warum sollten sich geringqualifizierte Individuen über höhere Löhne für Jobs freuen, die sie sowieso nicht bekommen? Die unglückliche Folge des Mindestlohns ist, dass die Geringqualifizierten innerhalb der Erwerbsbevölkerung unter zusätzlichen Nachteilen leiden.

Offshoring und Automatisierung

Ein höherer Mindestlohn gibt Unternehmen den Anreiz, geringqualifizierte Arbeitskräfte durch Maschinen und Roboter zu ersetzen. Er fördert auch die Auslagerung von Arbeit in Niedriglohnländer. Als im Jahr 2016 in Seattle, USA, der Mindeststundenlohn auf 15 Dollar angehoben wurde, reagierten Burgerketten durch die Einführung von Verkaufsautomaten, die es den Kunden erlaubten, ihre Bestellungen selber aufzugeben. Ein paar Restaurants schlossen sogar, da die Arbeitskosten zu hoch wurden.

Gewerkschaften behaupten oft, dass eine Anhebung des Mindestlohns keine negative Auswirkung auf die Beschäftigungszahlen habe. Aber simple Ökonomie lehrt uns, dass ein Preisanstieg zu einer Abnahme der Nachfrage führt, wenn alles andere gleichbleibt. Diese Logik wird in anderen Zusammenhängen allgemein akzeptiert. Zum Beispiel ist es allgemein anerkannt, dass vor dem Rauchen abgeschreckt wird, wenn der Staat die Preise für Tabakwaren anhebt. Warum sollte also diese ökonomische Logik auf den Preis der Arbeit plötzlich nicht mehr anwendbar sein?

Mindestlöhne fördern sogar den Rassismus. Ein rassistischer Arbeitgeber, der keine Schwarzen mag, wird aufgrund des Mindestlohns weniger für seinen Rassismus bestraft. Früher musste er einem weißen Arbeitnehmer ein höheres Gehalt zahlen, weil der schwarze Bewerber den weißen Bewerber unterbieten konnte. Nun aber, da das

Gesetz dem rassistischen Unternehmer vorschreibt, beide Gruppen gleich zu bezahlen, kann er ohne zusätzliche Kosten den Weißen auswählen. Wie der Ökonomienobelpreisträger Milton Friedman (1912-2006) es einmal ausdrückte: „Das Mindestlohngesetz ist das größte Anti-Neger-Gesetz, das wir in unseren Gesetzbüchern haben."

Dem (schwarzen) Ökonomen Thomas Sowell zufolge hat der amerikanische Mindestlohn sogar einen rassistischen Ursprung. Ihm zufolge ärgerten sich zur Zeit der Großen Depression weiße Arbeiter über die Konkurrenz durch ihre schlechter bezahlten schwarzen Kollegen. Der dann eingeführte Mindestlohn vertrieb schwarze Arbeiter vom Arbeitsmarkt. In seinem Buch „Basic Economics" schreibt Sowell: „Im Jahr 1930, bevor Mindestlohngesetze auf Bundesebene erlassen wurden, war die Arbeitslosenquote unter der schwarzen Bevölkerung niedriger als unter der weißen Bevölkerung."

Was für den Mindestlohn gilt, gilt auch für vom Staat auferlegte Höchstpreise wie Mietpreisdeckelungen. Sie haben zur Folge, dass diskriminierte Gruppen weniger diskriminierte Gruppen nicht überbieten können, was es ihnen erschwert, ein Haus zu mieten.

Rechte, die schaden

Es gibt viele weitere Gesetze, die Ausgrenzung auf dem Arbeitsmarkt fördern. Es mag so scheinen, als ob das Recht auf Mutterschaftsurlaub schön für Frauen ist, aber es macht sie als Arbeitnehmerinnen weniger begehrt. Es beraubt sie auch der Gelegenheit, ihre Arbeitsbedingungen selber auszuhandeln. Kündigungsschutz scheint für

Arbeitnehmer vorteilhaft zu sein, aber er erhöht die möglichen Arbeitskosten und stellt somit indirekt höhere Anforderungen an Bewerber. Geringqualifizierte Minderheiten werden in der Folge öfter von einem Job ferngehalten. Arbeitgeber, die gesetzlich verpflichtet sind, krankgeschriebene Mitarbeiter zu bezahlen, werden indirekt dazu angeregt, Bewerber aufgrund von Kriterien wie Übergewicht, Alter und medizinischer Vorgeschichte zu diskriminieren. Diese Gesetze scheinen also für Kranke, Beschäftigte und werdende Mütter attraktiv zu sein, haben aber ernsthafte unbeabsichtigte Konsequenzen.

All diese Gesetze, die auf den ersten Blick nur Arbeitgeber zu belasten scheinen, werden daher zu einem anderen Verhalten von Unternehmen führen. Sie werden lieber Verträge mit Selbständigen abschließen als Arbeitnehmer einzustellen. Sie werden auch eher kurzfristige als langfristige Verträge anbieten und dadurch ihr Risiko minimieren. Und wenn Arbeitgeber bei der Einstellung von Personal nicht mehr diskriminieren dürfen, werden sie mehr in ihren eigenen Reihen auf die Suche gehen und Zeitarbeitsfirmen und Stellenanzeigen vermeiden.

Einige Antidiskriminierungsgesetze gelten nur für größere Firmen. In Island zum Beispiel müssen nur Firmen mit mehr als 25 Mitarbeitern der Regierung einen jährlichen Bericht vorlegen, in dem sie anzeigen, inwieweit Männer und Frauen gleich bezahlt werden. Firmen werden jedoch dazu neigen, diese Anforderung zu vermeiden, indem sie ihr Personal begrenzen, sie können sich dazu entscheiden, bestimmte Aufgaben an andere Firmen auszulagern.

Es folgt ein nützlicher Überblick darüber, wie kontraproduktiv alle Arten von Gesetzen derzeit sind.

Gesetz	Unbeabsichtigte Folge
Arbeitgeber dürfen Bewerberinnen um einen Job nicht deshalb ablehnen, weil sie aus religiösen Gründen ein Kopftuch tragen.	Firmen werden Bewerber mit arabischen Nachnamen scheuen (siehe Mythos 8).
Arbeitgeber dürfen sich nicht nach dem Vorstrafenregister eines Bewerbers um einen Job erkundigen.	Arbeitgeber werden Jugendliche, Männer und Angehörige von Minderheiten scheuen (siehe Mythos 12).
Firmen müssen den Mindestlohn zahlen.	Firmen werden daher Geringqualifizierte und Unerfahrene ausschließen (siehe Mythos 11).
Es wird Firmen vorgeschrieben, Frauen und Männer gleich zu bezahlen.	Arbeitgeber werden daher eine größere Vorliebe für Männer entwickeln (siehe Mythos 10).
Arbeitgebern wird vorgeschrieben, krankgeschriebene Mitarbeiter zu bezahlen.	Firmen werden zunehmend behinderte, ältere und übergewichtige Menschen sowie solche mit einer medizinischen Vorgeschichte zurückweisen.
Arbeitgeber müssen spezielle Einrichtungen für behinderte Arbeitnehmer zur Verfügung stellen.	Behinderte werden bei der Bewerbung um einen Job öfter zurückgewiesen.
Es wird Firmen auferlegt, bezahlten Mutterschaftsurlaub zu gewähren.	Firmen werden mit größerer Wahrscheinlichkeit junge Frauen bezüglich Jobs und Beförderungen diskriminieren.

Firmen können in einer Sammelklage wegen angeblicher statistischer Diskriminierung von Frauen oder bestimmten Minderheiten belangt werden.	Firmen werden dazu neigen, diese Gruppen zu meiden, um potentiellen Schaden zu begrenzen.
Vermieter müssen die religiösen Bräuche ihrer Mieter berücksichtigen.	Vermieter werden dazu neigen, bestimmte religiöse Gruppierungen auszuschließen.
Vermieter dürfen Mieter nicht diskriminieren.	Vermieter werden es vermeiden, Anzeigen zu schalten, sondern werden privat nach Mietern suchen.
Es ist Nachtclubs nicht erlaubt, bezüglich Geschlecht, Herkunft, Alter oder Erscheinungsbild zu diskriminieren.	Clubs werden zu geschlossenen Gesellschaften und schließen somit noch mehr Menschen aus.
Der Staat schränkt die freie Schulwahl der Eltern ein, um Integration zu fördern.	Eltern ziehen in Nachbarschaften mit größtenteils weißen Bewohnern und verursachen dadurch noch mehr Rassentrennung.

Fazit: Jeder nimmt an, dass der Staat Diskriminierung bekämpfen sollte und dass solche Programme effektiv sind. Aber diese Maßnahmen sind kontraproduktiv. Alle möglichen Gesetze, wie Mindestlohngesetze oder das Recht auf bezahlten Mutterschaftsurlaub, fördern in Wirklichkeit Ausgrenzung. Der Staat verursacht möglicherweise mehr Schaden als all die sogenannten „Wutbürger“ zusammen. Wenn wir Diskriminierung verringern wollen, täten wir gut daran, diese Gesetze abzuschaffen.

Mythos 12: Antidiskriminierungsgesetze fördern den Zusammenhalt

Man könnte meinen, dass Antidiskriminierungsgesetze den sozialen Zusammenhalt befördern, das sie Ausgrenzung verbieten. Und doch scheinen die Spannungen zwischen den Geschlechtern und verschiedenen ethnischen Gruppen zugenommen haben. Könnte das daran liegen, dass die Social Justice Warriors die Definitionen von Rassismus und Sexismus ausgeweitet haben und ständig Menschen mit ihrem Diskriminometer messen? Durch die Erweiterung der Definition von „Diskriminierung“ sind viele Gruppen übersensibel geworden und werden schnell gereizt. Würde dies nicht eine polarisiertere Gesellschaft erschaffen, in der jeder auf wie auf rohen Eiern läuft?

Die Menschen werden merken, dass der bequemste Weg, nicht des Rassismus oder des Sexismus bezichtigt zu werden, der ist, mit bestimmten Gruppen einfach keinen Umgang zu pflegen. Diejenigen, die dies weiterhin tun, werden immer vorsichtiger, was spontane Interaktion verringert.

Zum Beispiel machte sich der britische Nobelpreisträger Tim Hunt bei einem Vortrag im Jahr 2015 über weinende Kolleginnen lustig. Unmittelbar darauf äußerte er sich jedoch positiv über weibliche Wissenschaftlerinnen. Trotzdem verursachte sein Witz eine große öffentliche Empörung. Dies zwang ihn, von verschiedenen akademischen Positionen zurückzutreten, worauf er nach Japan übersiedelte.

Gefährliche Komplimente

Selbst einer Frau ein freundliches Kompliment über ihr Äußeres zu machen, wird leicht als Sexismus oder sexuelle Belästigung interpretiert. Charlotte Proudman, eine Frau aus Großbritannien, erhielt in einer privaten Nachricht ein Kompliment eines männlichen Kollegen über ihr schönes Profilbild auf Linkedin: „Umwerfend. Das beste Linkedin-Bild, das ich je gesehen habe.“ Charlotte empfand seine Nachricht nicht als Kompliment, sondern als beleidigend und sexistisch. In der Folge wurde der „Missetäter“ in überregionalen Zeitungen und sogar im Fernsehen öffentlich durch den Dreck gezogen. Charlotte mag gedacht haben, dass sie mit ihren Aktionen der feministischen Bewegung einen Dienst erwiesen habe, aber viele Firmen werden denken, dass es zunehmend riskant sei, Frauen einzustellen, wenn ein erhöhtes Risiko für Beschwerden als Antwort auf gut gemeinte Komplimente besteht, vor allem wenn dies zu einer umfangreichen Berichterstattung in den Medien führt.[22]

Westliche Männer werden daher zögern, Frauen den Hof zu machen, und sie zunehmend als potentielle Gefahr ansehen, die man am besten meidet. Was zu weniger Flirts, weniger Sex und weniger Beziehungen führt. Die Psychologin Dr. Helen Smith schreibt in ihrem Buch „Men on Strike“, dass die Statistik darauf hindeute, dass sich Männer in den vergangenen Jahrzehnten zurückgezogen haben und immer öfter aus einer Karriere, einem

Studium oder einer Beziehung aussteigen. Smith zufolge ist die ständige Kritik an Männern und Männlichkeit einer der Gründe, zusätzlich zum Verlust des Status als Vater und den schweren Folgen einer Scheidung (die gewöhnlich von der Frau eingereicht wird).

Wer sich als weißer Sportler, Student oder Unternehmer Vorwürfe der Diskriminierung und Privilegierung ersparen will, sollte nicht nur Progressive, sondern auch Minderheiten meiden. Das grimmige Verhalten von Minderheitenaktivisten und Social Justice Warriors verstärkt die Spaltung, die sie zu bekämpfen behaupten.

Keine Witze mehr

Auch Komiker werden durch die wachsende Empfindlichkeit eingeschüchtert. Der britische Schauspieler John Cleese erklärte: „Wenn man mit übersensiblen Menschen zusammen ist, kann man sich nicht entspannen oder spontan sein, weil man keine Ahnung hat, worüber sie sich als Nächstes aufregen." Jennifer Saunders äußerte in einem Interview, dass ihre Comedy-Serie „Absolutely Fabulous" heute nicht mehr gedreht werden könnte, da die Menschen heute sogar noch empfindlicher sind, als sie es damals (1992-2002) waren.

Redefreiheit

Der Kampf gegen Diskriminierung beeinflusst nicht nur den sozialen Zusammenhalt, sondern auch unsere Redefreiheit. Es gibt in Europa und den USA einen relativ hohen Grad an Redefreiheit, sie scheint aber durch Antidiskriminierungsgesetze zunehmend beschnitten zu werden. Legal oder nicht, das Falsche zu sagen zieht oft große gesellschaftliche Folgen nach sich. Man kann seinen Job, seine Freunde und seine Reputation verlieren. Zudem kann man auch für diskriminierende Bemerkungen, Fragen oder Witze gerichtlich verurteilt werden.

In Großbritannien kann einem für das Erzählen eines rassistischen Witzes eine Geldstrafe auferlegt werden. Bei einer Comedy-Vorstellung im Jahr 2015 witzelte Paul Gascoigne, der „Bad Boy" des englischen Fußballs, gegenüber einem schwarzen Sicherheitsbeamten: „Können Sie bitte lächeln, ich kann Sie nicht sehen?" Der Wachmann teilte Gascoignes Erheiterung nicht, sondern verklagte ihn. Der Richter verurteilte Gascoigne zu einer Geldstrafe und Entschädigungszahlung in Höhe von mehreren Tausend Dollar. Viele werden seinen Witz als geschmacklos ansehen, aber worin unterscheidet er sich von anderen unschönen Witzen? Ständig werden Menschen beleidigt, auf neckende Weise oder nicht. Kann man gefahrlos über jemandes Größe einen Witz machen („Hallo, ist es kalt da oben?") oder über seine roten Haare, aber nicht über jemandes Hautfarbe? Warum sollte der eine Witz beleidigender sein als der andere, und sollten die Gerichte entscheiden, welche Witze erlaubt sind und welche nicht? Ist das nicht ein Kennzeichen einer totalitären Gesellschaft? Die Folge der Gascoigne-Entscheidung ist wieder einmal, dass Menschen den Umgang mit Minderheiten riskanter finden.

Im April 2017 wurden mehrere Niederländer wegen Beleidigung der schwarzen Politikerin Sylvana Simons auf Facebook vor Gericht gestellt. Einem Mann, der sie einfach als „Affenkopf“ bezeichnet hatte, wurde eine Geldstrafe auferlegt. Jemand, der geschrieben hatte: „Verzieh dich, geh und setz dich auf deinen Kokosnussbaum“ musste auch bezahlen. Diese Entscheidungen schufen einen gefährlichen Präzedenzfall, selbst wenn man der Meinung ist, dass Beleidigungen bestraft werden sollten. Denn es ist unklar, welche beleidigenden Äußerungen gemacht werden dürfen und welche nicht. Sollte jemand, der den bekannten niederländischen Politiker Geert Wilders einen Nazi oder einen „Käsekopf“ nennt, auch zu einer Geldstrafe verurteilt werden? Wenn das konsequent durchgesetzt würde, müssten Millionen von Geldstrafen verhängt werden, denn diskriminierende Beleidigungen sind im Internet sehr verbreitet.

Obwohl es immer ein wenig riskant ist, darf man als Individuum eine Frau fragen, ob sie schwanger ist. Aber wenn ein Personalchef einer Bewerberin diese Frage stellt, riskiert er ein Gerichtsverfahren. Aufgrund der Antidiskriminierungsgesetze ist es ihm auch nicht erlaubt, die folgenden Fragen zu stellen: „Haben Sie Kinder?“, „Sind sie gläubig?“, „Stehen Sie auf Männer oder auf Frauen?“, „Sind Sie verheiratet?“, „Kommen Ihre Eltern aus Mexiko?“. Auch wenn es nur wenige interessiert, da nur wenige Personalchefs sind, schränken also Antidiskriminierungsgesetze die Redefreiheit ein.

Das kann schwere Nachteile sogar für die Bewerber haben. In einigen amerikanischen Bundesstaaten ist es illegal, einen Bewerber um einen Job nach einem möglichen Vorstrafenregister zu fragen. Dieses sogenannte „Ban the Box“-Gesetz hat zum Ziel, es Vorbestraften leichter zu machen, Arbeit zu finden, und dadurch das Risiko zu mindern, dass sie zu Wiederholungstätern werden. Leider bewirkt dieses Gesetz genau das Gegenteil. Da es Arbeitgebern nicht mehr erlaubt ist, danach zu fragen, neigen sie dazu, insbesondere junge schwarze Bewerber zu meiden, die mit größerer Wahrscheinlichkeit vorbestraft sind. Geringqualifizierte schwarze Jungen werden daher öfter nicht zu einem Vorstellungsgespräch eingeladen, sogar solche mit tadellosen Zeugnissen.

Kritik = „Hassrede“

Die Anschuldigung der „Hassrede“ wird zunehmend gebraucht, um Menschen zum Schweigen zu bringen und zu denunzieren. Gemäß der Vorstellung, dass Kritik = Hassrede = Gewalt oder Gewaltandrohung ist, soll der Staat solche Meinungen bekämpfen. Und wenn das nicht geschieht, ist man berechtigt, auf diese „Gewalt“ mit echter physischer Gewalt zu antworten. Als die konservative Medienpersönlichkeit Milo Yiannopoulos Anfang 2017 einen Vortrag an der amerikanischen Berkeley University halten wollte, verursachten 1.500 Demonstranten solche gewalttätigen Ausschreitungen, dass er abgesagt werden musste. Auf Bannern waren Texte wie „Das ist Krieg“ zu lesen.

Heutzutage wird jeder, der das Adoptionsrecht schwuler Paare in Frage stellt, gewöhnlich der Homophobie oder sogar des Schwulenhasses bezichtigt. Jedem, der die gleichgeschlechtliche Ehe in Frage stellt, werden ähnliche Vorwürfe gemacht. In diesem Zusammenhang ist es bemerkenswert, dass die Weltgesundheitsorganisation WHO noch bis 1992 Homosexualität als Krankheit angesehen hat. Bis 2001 waren gleichgeschlechtliche Ehen in den Niederlanden nicht einmal legal. Waren die Niederländer bis zu diesem Datum homophob und verschwand dieser Hass dann am Tag, nachdem das Gesetz geändert worden war? Viele, die ihre Meinung noch nicht entsprechend angepasst haben, werden jetzt der Homophobie bezichtigt. Anscheinend muss man seine Meinung ändern, sobald sich das Gesetz ändert.

Witze zu reißen kann in bestimmten sozialen Konstellationen sehr nützlich sein, um Beklemmungen zu reduzieren. Vor allem unter Männern ist es üblich, einander mit spielerischen Beleidigungen und „unangebrachten" Witzen zu necken. Wenn jemandes Behinderung oder Auffälligkeit nicht mit einem gutgemeinten Witz quittiert werden kann, könnte sie der sprichwörtliche „Elefant im Raum" bleiben, und die Beklemmung bleibt bestehen.

Unwillkommene Meinungen gehen in den Untergrund

Meinungen, die nicht offen ausgedrückt werden können, können schwelen und zu Ressentiments führen. Bei Wahlen können diejenigen, die sich nicht gehört fühlen, Rache in der Wahlkabine nehmen. Vor diesem Hintergrund ist es vielleicht kein Wunder, dass die Meinungsinstitute den britischen Brexit und die Wahl von Donald Trump nicht korrekt vorhergesagt haben. Offensichtlich haben viele Befragte ihre wahren Absichten nicht enthüllt. Es ist das Beste, politisch unkorrekten Ideen zu erlauben, sich offen auszudrücken. Das hält gesellschaftliche Frustrationen davon ab, zu wachsen und irgendwann zu eskalieren.

Auch geht man, wenn man die Redefreiheit nicht konsequent verteidigt, das Risiko ein, dass die gleichen Beschränkungen eines Tages gegen einen selbst verwendet werden. In den 50er und 60er Jahren war es nicht erlaubt, Christen zu beleidigen oder zu diskriminieren, heutzutage ist es erlaubt, Christen zu beleidigen, aber nicht Homosexuelle. Wenn Homosexuelle jetzt nicht konsequent Rede- und Vereinigungsfreiheit verteidigen, gehen sie das Risiko ein, in der Zukunft in eine von ihnen selbst gemachte Falle zu tappen, denn ihre eigenen Freiheiten können mit ähnlich politisierten Argumenten eingeschränkt werden.

Angenommen, die Antidiskriminierungsgesetze würden abgeschafft: Würden die Menschen dann sofort damit anfangen, einander mit allen möglichen rassistischen Schmähungen zu bewerfen? Das ist unwahrscheinlich. Man beachte, dass es diese Gesetze vor 1980 größtenteils noch nicht gab, und es war nicht so, dass bis zu diesem Jahr die Menschen einander öffentlich mit Schmähungen überzogen. Und außerdem: Hässliche Menschen dürfen immer noch diskriminiert werden. Ist es üblich, sie zu beleidigen, einfach, weil es immer noch legal ist?

Es scheint also so, dass der derzeitige Kampf gegen Diskriminierung einige Spaltungen in der Gesellschaft hervorruft. Denjenigen, die Angst hatten, ihre Meinungen auszudrücken, stehen noch ein paar Optionen zur Verfügung, um die sich die Social Justice Warriors wenig kümmern. Sie können sich von anderen Gruppen abwenden und im Internet nach ähnlich Gesinnten suchen. Darüber hinaus können sie bei Wahlen auf einmal ihre Meinung ausdrücken und unerwartete Rache an solchen nehmen, von denen sie sich mundtot gemacht fühlen.

Mythos 13: Unternehmen diskriminieren absichtlich

Kommerzielle Firmen müssen Gewinn machen, um zu überleben. Rassismus und Sexismus sind für sie nicht von Nutzen, in dem Sinne, dass der Ausschluss von Menschen vom Kauf ihrer Produkte und Dienstleistungen sie in ihrer Existenz bedroht. Die Farbe, die Privatunternehmen am liebsten mögen, ist nicht Weiß, Schwarz oder Gelb, sondern Grün. Was wäre, wenn Google und Microsoft sich entscheiden würden, bei der Rekrutierung eines neuen Geschäftsführers Chinesen oder Inder von Vorstellungsgesprächen auszuschließen? Die Aktionäre würden aufgebracht reagieren, denn sie sind an Gewinnmaximierung interessiert, nicht an Nationalität. Im Jahr 2015 wurde der in Indien geborene Sundar Pichai ausgewählt, die Leitung von Google zu übernehmen. Microsoft ernannte Satya Nadella, der ebenfalls aus Indien stammt, im Jahr 2014 zu seinem leitenden Geschäftsführer. Beide Firmen führten die Ernennungen nicht aus einer Vorliebe für Inder heraus durch, sondern weil sie erwarten, mit diesen Führungskräften am profitabelsten zu sein.

Der amerikanische Ökonom Milton Friedman sagte über diese Gleichgültigkeit bezüglich der Hautfarbe: „Der große Vorteil eines Systems der freien Marktwirtschaft besteht darin, dass es sich nicht dafür interessiert, welche Hautfarbe die Menschen haben; dass es sich nicht dafür interessiert, welche Religion sie haben; es interessiert sich nur dafür, ob sie etwas produzieren können, das man kaufen will. Es ist das effektivste System, das wir bis jetzt entdeckt haben, wenn es darum geht, Menschen, die einander hassen, dazu zu befähigen, miteinander umzugehen und einander zu helfen."

Der Ökonom Thomas Sowell teilt die Meinung Friedmans, dass der freie Markt die beste Medizin gegen Diskriminierung sei. Er stellte fest: „Rassisten mögen eine Rasse der anderen vorziehen, aber sie ziehen sich selbst jedem anderen vor." Was Sowell meint, ist, dass ein rassistischer Arbeitgeber einen weißen Arbeitnehmer einem schwarzen vorziehen mag, aber wenn er den Schwarzen bei sonst gleichen Bedingungen für weniger beschäftigen kann, dann wird dies gewöhnlich den Ausschlag geben.

„Juden unerwünscht"?

Diskriminierung wird unweigerlich mit Nazideutschland und Plakaten mit der Aufschrift „Juden unerwünscht" in öffentlichen Parks und Kinos assoziiert. Würden diese Schilder wiederkehren, wenn wir Diskriminierung erlauben würden? Das ist sehr unwahrscheinlich. Man bedenke, dass diese Diskriminierung von der Nazi-Diktatur per Gesetz vorgeschrieben war. Jedoch hatten Geschäfte und Kinos tatsächlich einen finanziellen Anreiz, auch jüdische Kunden zuzulassen.

In einer freien Gesellschaft dürfen die Menschen selber entscheiden, an wen und zu welchem Preis sie ihre Waren und Dienstleistungen verkaufen. Theoretisch können Ladenbesitzer solche Schilder aufhängen, aber in der Praxis werden sie jedem den Zutritt gestatten wollen, der etwas kaufen will. Schließlich streben sie nach Profit, und der Wert eines Euros hängt nicht von der Herkunft des Kunden ab. Firmen und Geschäfte, die nichtsdestotrotz so unklug sind, solche Schilder zur Schau zu stellen, werden es riskieren, boykottiert zu werden. Auf diese Weise wird der Fall öffentlich behandelt und nicht vor einem Gericht, was große Vorteile hat.

Nachtclubs und andere Orte der Unterhaltung sind dafür bekannt, selektiv in ihren Zulassungsbestimmungen zu sein. Sie verlassen sich dabei nicht auf ausschließende Hinweisschilder, sondern auf einen Türsteher. Weil es ihm nicht erlaubt ist, offen zu diskriminieren, verwendet er oft einen Vorwand („Mitgliedsausweis erforderlich" oder „zurzeit überfüllt"). Dies geschieht oft gegenüber jungen schwarzen Männern und anderen Minderheiten. Das ist für sie zweifellos sehr unangenehm, aber sie sind nicht die einzige Gruppe, die ausgeschlossen wird. Frauen erhalten leichter Zutritt als Männer, hippe und gutaussehende Leute haben ebenfalls einen Vorteil, während Ältere nur geringe Chancen haben. Der Clubmanager versucht, eine bestimmte Klientel anzusprechen, und muss daher auswählen. Darüber hinaus muss er den Frieden in seinem Etablissement wahren. Gruppen, die nicht der gewünschten Klientel angehören oder die dafür bekannt sind, Probleme zu verursachen, wird daher oft der Eintritt verweigert. Wenn diese Betreiber gesetzlich gezwungen wären, jeden einzulassen, würden sie wahrscheinlich bald schließen müssen.

In manchen Fällen verweigern auch Geschäfte bestimmten Gruppen den Zutritt. Im Jahr 2002 hatten einige

Ladenbesitzer in der niederländischen Stadt Wapenveld ein Schild an der Tür aufgehängt mit der Aufschrift: „Zutritt nur für einen Asylbewerber auf einmal." Das war eine Vorsichtsmaßnahme, um Ladendiebstähle zu verhindern, die vorher von dieser speziellen Gruppe ausgegangen waren. Die Staatsanwaltschaft erhob gegen die drei Ladenbesitzer erfolgreich Anklage wegen Diskriminierung. Hätten die Ladenbesitzer „Asylbewerber" durch „Schüler" oder „Student" ersetzt, wäre dies erlaubt gewesen. Viele Geschäfte, darunter die niederländische Supermarktkette Albert Heijn, hängen oft solche Schilder auf, um Ladendiebstähle zu vermeiden. Dieses Beispiel zeigt, wie selektiv diese Gesetzgebung ist.

Stellenausschreibungen

Das Profitstreben von Unternehmen schließt jedoch nicht Diskriminierung in Stellenausschreibungen aus. Auch Manager haben ihre Vorurteile und persönlichen Vorlieben. Aber das Profitstreben begrenzt das Ausmaß, in dem sie sich auswirken können. Wenn zu irrational damit umgegangen wird, wird der Profit gemindert. Nichtsdestotrotz steht hier noch etwas anderes auf dem Spiel als Vorurteile. Einer niederländischen Studie der Erasmus School of Economics aus dem Jahr 2010 zufolge bevorzugen 30 Prozent der Firmen bei der Rekrutierung von Auszubildenden im Lande gebürtige Bewerber.[23] Steht das im Widerspruch zum Gewinnstreben der Firma? Nicht unbedingt. Es kann im Interesse der Firma liegen, kulturell homogen zu sein, es mindert das Risiko von Missverständnissen und Unstimmigkeiten und könnte daher profitsteigernd sein. Ein

Amerikaner, der eine Beschäftigung zum Beispiel in Mexiko oder in einem von Mexikanern betriebenen Taco-Laden sucht, wird mit den gleichen kulturellen und ethnischen Vorlieben konfrontiert sein.

Unternehmen gegen Diskriminierung

Statt einer diskriminierenden Strategie können Firmen auch eine Antidiskriminierungs-Strategie verfolgen. In einer freien Gesellschaft wäre das prima. Sie können von ihren Angestellten verlangen, sich bei Gefahr der Kündigung nicht in rassistischer oder sexistischer Weise zu äußern. Es sollte Firmen auch erlaubt sein, Einstellungsrichtlinien zu haben, die Minderheiten und Frauen begünstigen. Sie könnten im Fall einer zu besetzende Stelle öffentlich eine Vorliebe für kleine, schwarze, lesbische, behinderte alte Frauen angeben, aber auch für große, weiße, heterosexuelle Männer. Es sollte Firmen erlaubt sein, dasselbe zu tun, das jede Privatperson auf einer Beziehungs-Seite tut, denn eine Firma ist privates Eigentum.

Airbnb, ein Online-Marktplatz für die Vermietung von Privatunterkünften, ergriff im Jahr 2016 Maßnahmen, um Diskriminierung auf seiner beliebten Webseite entgegenzutreten. Es war klargeworden, dass schwarzen Mitgliedern öfter ein Zimmer verweigert wurde als weißen Mitgliedern. Für diejenigen, die davon betroffen sind, ist das zweifellos sehr demütigend. Aber Menschen werden aus allen möglichen Gründen abgelehnt: weil sie aus dem falschen Land kommen, weil sie tätowiert sind, weil sie Motorradfahrer sind, weil sie Männer sind, weil sie nicht attraktiv genug sind, weil sie zu alt sind, oder was auch immer. Natürlich steht es Airbnb frei, Maßnahmen gegen diese Ausgrenzung zu ergreifen, aber mit einer gewissen Wahrscheinlichkeit werden sie unerwünschte Nebenwirkungen haben. Fremde Touristen in sein eigenes Heim zu lassen, das voll von persönlichem und wertvollem Eigentum ist, ist recht riskant. Darüber hinaus können Gäste eine Belästigung darstellen, was möglicherweise zu einem angespannten Verhältnis mit den Nachbarn führt. Als Faustregel gilt: Je riskanter eine Transaktion ist, desto mehr ist jemand geneigt, zu diskriminieren. Ein Wohnungsbesitzer auf Airbnb wird sich daher voreingenommener verhalten als ein Hotel. Airbnb-Anbieter, denen es nicht mehr erlaubt ist, zu diskriminieren, werden sich daher zunehmend dafür entscheiden, gar keine Räume mehr zu vermieten. Da das Gesamtangebot dann abnehmen wird, während die Nachfrage danach gleich bleibt, wird es für diskriminierte Gruppen sogar noch schwieriger, eine Unterkunft zu finden.

Der Krieg gegen Diskriminierung

Wenn wir Firmen dazu ermuntern wollen, mehr Angehörige von Minderheiten und Frauen einzustellen, sollten wir aufhören, Diskriminierung zu bestrafen. Es scheint kontraintuitiv zu sein, dass Diskriminierung zu erlauben dabei helfen soll, sie zu verringern. Aber dieses Paradox lässt sich auch im Fall von Drogen beobachten. Die USA führen seit Jahren einen Krieg gegen Drogen, und die Auswirkungen sind überwältigend negativ: überfüllte Gefängnisse, hohe Kosten, eine Menge Gewalttaten mit Drogenbezug, aber kaum weniger Drogenkonsumenten.

Im Gegensatz dazu entkriminalisierte Portugal Drogen im Jahr 2001. Die Anzahl der portugiesischen Drogenabhängigen und Todesopfer durch Drogen nahm deutlich ab. Die USA würden gleichermaßen gut daran tun, den Krieg gegen Drogen zu beenden. Wir wären wahrscheinlich auch gut beraten, den Krieg gegen Diskriminierung zu beenden.

Mythos 14: Absonderung ist falsch

„Ist das weiß genug für Sie?“, lautete der Aufdruck auf den T-Shirts Amsterdamer Schüler, die bei einer Schulkampagne im Jahr 2015 Flugblätter verteilten. Die Schulleitung verfolgte das Ziel, weiße Eltern dafür zu interessieren, ihren Nachwuchs an ihrer schwarzen Schule anzumelden.

Oft beklagen Schulleiter und Politiker Anzeichen von Absonderung, wenn ethnische Gruppen einander meiden und es bevorzugen, getrennt voneinander zu leben. Sie bevölkern unterschiedliche Nachbarschaften und besuchen unterschiedliche Kirchen, und ihre Kinder besuchen unterschiedliche Schulen und Sportvereine. Aber ist das wirklich ein Problem?

Es wird angenommen, dass Absonderung im Bildungsbereich durch vorurteilsbehaftete weiße Eltern verursacht wird, die fälschlicherweise denken, dass schwarze Schulen schlechter abschneiden als weiße Schulen. Wegen dieser „weißen Flucht“ werden schwarze Nachbarschaften und Schulen dunkler. Die sogenannte „Postleitzahlen-Politik“ der Stadt Amsterdam versuchte, dem entgegenzuwirken. Sie schränkte die freie Schulwahl der Eltern ein und ordnete Schülern zwangsweise Schulen zu. Aber die Eltern machten da nicht so einfach mit. Sie zogen entweder um – und erzeugten dadurch sogar noch mehr Absonderung –, oder arrangierten heimlich eine städtische Registrierung unter einer erwünschten Postleitzahl.

Man mag sich fragen, warum ethnische Absonderung als etwas so Falsches angesehen wird. Im täglichen Leben sondern wir uns auf so vielen Ebenen voneinander ab. Jeder verkehrt in einer Anzahl ausgewählter Gruppen und lebt größtenteils getrennt von anderen. Künstler verbringen nicht viel Zeit mit IT-Experten, Obdachlose dinieren selten mit Millionären, Yoga-Praktizierende schauen im Allgemeinen nicht im Clubhaus der Hells Angels auf einen Kaffee vorbei, und Nonnen machen kein Stagediving mit Hardrockern. Ist das ein Problem? Es mag zwischen diesen Gruppen wenig Verständigung geben, aber sie kommen sich gewöhnlich auch nicht in die Quere. Kaum ein Politiker macht sich Sorgen über diese Formen der Absonderung, also warum tun sie es bezüglich ethnischer Absonderung? Absonderung gab es schon immer, aber mit anderer Ausrichtung.

Heißt das, dass Absonderung niemals falsch ist? Sie ist es, wenn sie staatlich erzwungen wird, wie es in Nazi-Deutschland der Fall war. Die Nürnberger Rassengesetze von 1935 zum Beispiel verboten Juden die Heirat mit Nichtjuden. In den Südstaaten der USA waren bis in die 1960er Jahre die sogenannten Jim-Crow-Gesetze in Kraft. Sie trennten Weiße und Schwarze in öffentlichen Verkehrsmitteln, Wartezimmern und Bildungseinrichtungen voneinander. Auch die Apartheid in Südafrika geschah durch staatliches Dekret. Weiße, Schwarze und Farbige wurden per Gesetz voneinander getrennt und durften einander nicht heiraten. Diese Absonderung unterscheidet sich jedoch völlig von regulärer gesellschaftlicher Absonderung, denn die erste geschieht durch staatlichen Zwang, und die zweite ist freiwillig. Ironischerweise wird freiwilliger Absonderung durch verschiedene Freiheitsbeschränkungen begegnet, wie der oben erwähnten Amsterdamer Postleitzahlenpolitik. Sowohl die Programme gegen Absonderung als auch die südafrikanischen Rassentrennungsgesetze beruhen auf Zwang und nicht auf individueller Freiheit.

Es ist nicht viel gegen freiwillige Absonderung zu sagen, aber erzwungene Integration ist sicherlich problematisch. Menschen fangen nicht an, einander zu lieben, wenn sie gezwungen werden, miteinander zu interagieren. Absonderung ist ein verbreitetes Phänomen. Es sind vor allem Politiker, die in ihr ein Problem sehen. Nonnen, die tätowierte Hardrocker im Kloster schmerzlich vermissen, steht es frei, sie zu sich einzuladen oder Hardrock-Cafés zu besuchen. Auch Politikern, die Diversität befördern wollen, steht es frei, in ein schwarzes Viertel zu ziehen, sie müssen nicht erst Gesetze verabschieden. Und progressive Weiße werden feststellen, dass ihre Kinder den Direktorien schwarzer Schulen oft willkommen sein werden. Und doch stellt sich oft heraus, dass sogar progressive Politiker selber nicht Diversität anstreben. Femke Halsema, die progressive Bürgermeisterin von Amsterdam, versetzte ihre Kinder im Jahr 2010 von einer schwarzen auf eine weiße Schule. Halsema weigerte sich, den genauen Grund anzugeben, aber was sie sagte, war: „Kinder sind kein soziales Experiment." Barack Obama schickt seine Kinder ebenfalls auf eine teure Privatschule, während er gleichzeitig seiner Besorgnis über Klassenunterschiede Ausdruck verleiht.

Absonderung ist tief in uns verwurzelt. Die meisten Menschen interagieren gerne mit solchen Menschen, mit denen sie viel gemeinsam haben, oder mit „unseren Leuten". Studien haben gezeigt, dass selbst Kleinkinder im Alter von drei Jahren diese Vorliebe in sich tragen. Es gibt eine spontane Regelung von unten, nicht von oben. Intelligente Menschen interagieren gerne mit intelligenten Menschen, Progressive mit Progressiven, Teenager mit Teenagern, schöne Menschen mit schönen Menschen, Texaner mit Texanern, und so weiter. Es gibt aber auch viel Variation, denn für niemanden sind dies strenge Anforderungen – anderenfalls würden wir nur mit unserem Spiegelbild Umgang pflegen wollen. Im Allgemeinen werden schöne Menschen bevorzugt, aber viele ziehen es wahrscheinlich vor, mit einer sehr viel lustigeren Person Umgang zu haben, die nicht so gutaussehend ist. Wir haben eine Vorliebe für unsere eigene Gruppe, da sie soziale Interaktionen erleichtert, aber auch, weil wir eine gemeinsame Kultur und Geschichte schätzen. Diejenigen, die jemanden aus Japan in ihrer Gruppe willkommen heißen, müssen sich mehr um ein gegenseitiges Verständnis bemühen; Werte und Gewohnheiten sind sehr verschieden. Ein Japaner inmitten einer Gruppe kann sehr interessant sein, es wird aber wahrscheinlich auch zu Missverständnissen führen: Man versucht, höflich zu sein, hat ihn aber möglicherweise beleidigt. Eine Vorliebe für die eigene Gruppe zu haben, hat jedoch auch mit einem höheren Wert zu tun. Eine hochgebildete Person zieht es vor, mit anderen hochgebildeten Menschen Umgang zu pflegen, denn dann ist die Wahrscheinlichkeit eines fruchtbaren Austauschs am höchsten.

Xenophobie

Menschen, die es bevorzugen, mit Leuten aus ihrer eigenen ethnischen Gruppe zu interagieren, werden schnell der Xenophobie bezichtigt, einer irrationalen Angst vor Fremden oder Ausländern. Manchmal werden sie sogar des ethnischen Hasses bezichtigt. Hat man aber vor etwas Angst, nur weil man etwas anderes bevorzugt? Und ist es nicht logisch, dass man angesichts von etwas Unbekanntem oder Fremden vorsichtig ist? Das Unbekannte kann Gefahr, aber auch frischen Wind bringen, so dass eine Balance zwischen „Xenophobie" und „Xenophilie" (die Zuneigung zu unbekannten/ausländischen Gegenständen und Menschen) vernünftig zu sein scheint.

Es ist auffällig, dass insbesondere Weiße der Xenophobie beschuldigt werden, während es alle möglichen anderen Gruppen bevorzugen, zusammenzuhocken. Es gibt viele Organisationen, die sich auf bestimmte ethnische Gruppen konzentrieren. Zum Beispiel die International Association of Jewish Lawyers and Jurists, Black Entertainment Television (mit Preisverleihungen speziell für schwarze Schauspieler und Musiker), die National Black Nurses Association, die Association for Women in Science (AWIS), ein Fernsehsender namens „W-Network", der sich an Frauen richtet, das Center for People of Color at Brown University (das sich bemerkenswerterweise streng gegen Rassismus ausspricht), die American Association of Black Psychologists, und andere.

Menschen leben gerne in Nachbarschaften, die ihrer eigenen Identität entsprechen. Schwule in San Francisco fühlen sich oft in einer schwulen Nachbarschaft („Gayborhood“) wohl. Italienische Einwanderer in den USA strömten in italienische Nachbarschaften. Chinesische Einwanderer sammelten sich in zahllosen Chinatowns. Das Emirat Dubai, wo Menschen aus fast jedem Land der Welt leben und arbeiten, zeigt, dass ethnische Absonderung kein Problem sein muss. Bei der Arbeit treffen sich die unterschiedlichen Nationalitäten und Volksgruppen, sie treiben Handel miteinander, aber davon abgesehen leben sie oft in getrennten Bereichen und besuchen ihre eigenen Clubs. Niemand wird gezwungen, mit jemand anderem zu interagieren, und dennoch gibt es kaum soziale Spannungen. Und da Dubai keine Demokratie ist und praktisch keine Steuern kennt, muss niemand für die Wünsche anderer zahlen, und niemand genießt gesetzliche Privilegien (mit Ausnahme der Emirati selber, die kostenlose staatliche Dienstleistungen in Anspruch nehmen).

Absonderung ist nicht schlecht, wenn sie freiwillig ist. Vielmehr stellt sie eine Lösung dar, denn sie bewirkt, dass Menschen sich geselliger, behaglicher und besser verstanden fühlen.[24] Die Absonderung, mit der Staaten fertigzuwerden versuchen, beruht oft auf Zwang und einer Reduzierung von Wahlfreiheit, die ein tatsächliches Problem ist.

Hilfe, ich bin ein Opfer von Diskriminierung!

Was kann man selber tun, wenn man unter Diskriminierung leidet? Diskriminierung ist zweifellos ein Hindernis für gesellschaftliche Errungenschaften. Wenn auch jeder die Erfahrung macht, diskriminiert zu werden, so machen bestimmte Gruppen wie Minderheiten, Einwanderer, ältere, kleine oder hässliche Menschen diese Erfahrung öfter als andere, was sehr frustrierend oder regelrecht demütigend sein kann.

Die Frage ist, ob es diskriminierten Gruppen nutzt, wenn man sich darauf konzentriert und unterstellt, Diskriminierung sei der Hauptgrund für ihre geringeren Erfolge.

Man könnte argumentieren, dass die derzeitige Opfermentalität den schwächeren Mitgliedern der Gesellschaft tatsächlich schadet. Sie kann dazu führen, dass sich benachteiligte Gruppen deprimiert fühlen, wenn sie annehmen, dass die Verbesserung ihrer Situation hauptsächlich von äußeren Faktoren abhängt. Statt das Beste aus ihrer Situation zu machen, kann es sein, dass sie in der Opferrolle gefangen sind und geistig schwach werden. In den USA spricht man von der „generation snowflake" („Generation Schneeflocke"). Das sind junge Erwachsene, die schnell empört sind, wenig Widerstandskraft zeigen und oft das Gefühl haben, Anspruch auf etwas zu haben. Wer Schulkindern mit schlechten Leistungen sagt, dass dies das Ergebnis ihrer benachteiligten Position sei statt ihrer mangelhaften Bemühungen, entmutigt sie, ihr Bestes zu geben und den besten Gebrauch von ihren Möglichkeiten und Talenten zu machen.

Es ist vernünftig, nicht auf eine gerechtere Welt zu warten, sondern stattdessen das Beste aus seiner Situation zu machen. Erfolgreiche Menschen haben ihre Position nicht dadurch erreicht, dass sie sich viel beklagt haben. Die Welt ist nicht gerecht und wird es niemals sein, weder für Minderheiten noch für andere, weil jeder Eigenschaften besitzt, die als negativ wahrgenommen werden.

Anpassung

Bei all den Dingen, die man im Leben ändern kann, besteht der einfachste Weg oft darin, sich selbst zu ändern, auch wenn dies recht schwierig sein kann. Wenn Sie zu einer Gruppe mit einem schlechten Ruf gehören, wäre es klug, die Merkmale zu verbessern, die geändert werden können. In dem Fall ist es gewöhnlich ratsam, sich gut zu kleiden, gut auf sich achtzugeben und sich angemessen zu verhalten. Deutlich und ohne Akzent zu sprechen, ist auch hilfreich. Man mag einwenden, es sei ein Skandal, dass diese Menschen sich auf solche Weise anpassen müssen, aber dies trifft auf jeden zu. Wer bei einem Einstellungsgespräch erfolgreich sein will, kleidet sich den Erwartungen des Arbeitgebers entsprechend. Wer zu einem romantischen Date geht, legt besondere Aufmerksamkeit auf sein Erscheinungsbild und seine Kleidung. Jeder, der die Anerkennung durch eine Gruppe sucht, wird versuchen, den maßgeblichen Gruppennormen zu entsprechen.

Viele Einwanderer in Amerika haben ihre Namen geändert, zum Beispiel weil viele Schwierigkeiten hatten, sich ihre ausländischen Namen zu merken, sie auszusprechen oder zu buchstabieren. Der bekannte Schauspieler Kirk Douglas (Issur Danielowitsch Demsky) ist ein Beispiel dafür. Allerdings nehmen viele Entertainer ohnehin einen Bühnennamen an, weil er sich dem Publikum besser verkaufen lässt, und jüdische Emigranten nahmen oft einen englischen Namen an.

Menschen mit einem Akzent oder einem Sprachfehler suchen oft Hilfe bei einem Sprachtherapeuten. Die ehemalige britische Premierministerin Margaret Thatcher nahm die Dienste eines solchen in Anspruch, um ihre Karriere voranzutreiben. Als Frau wollte sie ihre hohe Stimme loswerden, um bessere Führungsqualitäten zu suggerieren. Manche Menschen lassen sich ihre Tattoos weglasern, um ihre Chancen zu verbessern, einen Job oder einen Partner zu bekommen, oder sie schneiden sich ihre langen Haare kurz. Andere hingegen fügen ein Tattoo hinzu, um zu einer Gruppe wie zum Beispiel einer militärischen Einheit zu passen.

Wenn man seine Ziele erreichen will, ist es besser, sich anzupassen. Menschen zu sagen, sie seien Opfer, hat negative Auswirkungen und schwächt die Verletzlichen sogar noch mehr.

Schluss

Die Gedanken dieses Buches stehen nicht im Einklang mit der populären Auffassung, wir seien eine große Familie auf der Erde und alle seien gleich. Es ist inzwischen vielleicht offensichtlich geworden, dass Vorurteile und Verallgemeinerungen unverzichtbar sind und eine nützliche soziale und ökonomische Funktion haben können. Es gibt kaum einen Grund, sich darüber Sorgen zu machen, ob wir aufgrund bestimmter Vorurteile handeln, wenn wir Gruppenunterschiede beobachten oder wenn wir es vorziehen, mit Menschen Umgang zu pflegen, die uns ähnlich sind. Es mag jetzt auch klargeworden sein, dass Antidiskriminierungsgesetze in höchstem Maße kontraproduktiv sein *können*. Sie schaden den Menschen, die sie zu schützen suchen, verursachen ungewollt eine höhere Arbeitslosigkeit unter Frauen und Minderheiten und führen zu größeren sozialen Spannungen, zu Ausgrenzung und Absonderung. Darüber hinaus erzeugen sie Rechtsunsicherheit und Rechtsungleichheit und bedrohen unsere Rede- und Vereinigungsfreiheit. Antidiskriminierungsgesetze sind daher unmoralisch und kontraproduktiv.

In einer idealen Welt hätten wir keine Vorurteile, und jeder würde andere auf individueller Basis beurteilen. Dies ist jedoch unmöglich, weil wir oft eine Entscheidung auf Basis unvollständiger Information über die andere Person treffen müssen. Es wäre unsinnig, nicht alle möglichen individuellen Merkmale und Gruppen-Merkmale zu verwenden.

Ist es realistisch, zu erwarten, dass Antidiskriminierungsgesetze abgeschafft werden? Sicherlich nicht in absehbarer Zeit. Tatsächlich wird die Gesetzgebung immer mehr auf andere Kriterien ausgeweitet, wie Transsexualität und Körpergewicht. Jedoch beruhen die Argumente in diesem Buch größtenteils auf ökonomischer Logik, und die

Geschichte der Menschheit zeigt, dass diese irgendwann anerkannt wird. Früher oder später werden die Menschen lernen, dass Antidiskriminierungsgesetze kontraproduktiv sind. Sie sind auf eine irrationale egalitäre Ideologie gegründet. In diesem Sinne sind sie mit dem Kommunismus verwandt. Der Kommunismus ist gescheitert, weil die Menschen nicht gleich sind und sich dies durch Zwang nicht ändern lässt. Hoffentlich sieht die derzeitige egalitäre Ideologie demselben Schicksal entgegen, wenn dies auch eine lange Zeit dauern mag.

Freiheit oder Gleichheit

Antidiskriminierungsgesetze reduzieren unsere Freiheit und unseren Wohlstand; zunehmend entscheidet der Staat für uns, mit wem wir interagieren sollten, wen wir einstellen sollten, welchen Lohn wir zahlen müssen und was wir einander sagen dürfen. Aber dieser fanatische Drang nach Gleichheit ist gefährlich und wirklich besorgniserregend. Der Nobelpreisträger Milton Friedman hat es treffend ausgedrückt: „Eine Gesellschaft, die Gleichheit vor Freiheit stellt, wird beides nicht bekommen. Eine Gesellschaft, die Freiheit vor Gleichheit stellt, wird beides in hohem Maße bekommen."

Wir sind nicht gleich und werden es niemals sein, nicht in unserer äußeren Erscheinung, unseren Fähigkeiten, unserer Motivation oder unserer Biologie. Deshalb müssen uns andere nicht gleich bewerten und behandeln, aber wir können immer noch respektvoll und höflich sein. Eine vielfältige Welt ist prima. Wenn jeder gleich wäre, müssten wir alle herausragend sein. Jetzt, da wir alle verschieden sind, können die Fähigkeiten eines genialen Ingenieurs für wertvolle Erfindungen eingesetzt werden, und eine brillante Ballerina kann ihr Publikum mit einem atemberaubenden Tanz erfreuen. Die Welt zu verbessern, ist ein lobenswertes Bestreben, aber das kann nicht durch eine aufgezwungene egalitäre Ideologie erreicht werden. Die Menschen dazu zu zwingen, miteinander Umgang zu pflegen, führt zu einer Welt, die schlimmer ist, in der Menschen anfangen werden, einander nicht leiden zu können. Die beste Medizin gegen soziale Unruhen und Hass zwischen Gruppen ist Vereinigungsfreiheit, nicht Antidiskriminierungsgesetze. Für eine friedlichere Welt müssen wir alle menschlichen Beziehungen und Transaktionen auf beiderseitige Zustimmung gründen.

Literatur

Walter Block
Ökonom an der Loyola University in den USA. 2010 veröffentlichte er „The Case for Discrimination".

Walter Williams
2011 veröffentlichte er „Race & Economics: How Much Can Be Blamed on Discrimination?". Professor Williams ist ein Ökonom. Er hat viel über dieses Thema geschrieben und verteidigt das Recht auf Diskriminierung.

Thomas Sowell
In seinem Buch „Basic Economics" erklärt Dr. Sowell, dass der Mindestlohn Minderheiten diskriminiert und ihre Arbeitslosenrate erhöht. Sein letztes Buch ist „Discrimination and Disparities" (2018).

Thomas Sowell, „Affirmative Action Around the World"
Warren Farrell, „The Myth of Male Power"
Martin van Creveld, „The Privileged Sex"
Roy Baumeister, „Is There Anything Good About Men?"
Charles Murray, „Human Accomplishment"
Helen Smith, „Men on Strike"
Jon Entine, „Taboo: Why Black Athletes Dominate Sports And Why We're Afraid To Talk About It"
David Epstein, „The Sports Gene"
Leonard Sax, „Why Gender Matters"

Steven Rhoads, „Taking Sex Differences Seriously“
Nima Sanandaji, „The Nordic Gender Equality Paradox“

Endnoten

[1] „New York Times", „Hooters Settles Suit By Men Denied Jobs", 01.10.1997.

[2] Developmental Science, Professor Kang Lee, 2017.

[3] U.S. Department of Justice, „Homicide Trends in the United States, 1980-2008", www.bjs.gov/content/pub/pdf/htus8008.pdf

[4] U.S. Department of Justice, „Criminal Victimization", 2016, www.bjs.gov/content/pub/pdf/cv16.pdf

[5] Im September 2018 reichte die American Civil Liberties Union (ACLU) Beschwerde bei der Antidiskriminierungsbehörde Equal Employment Opportunity Commission (EEOC) ein, in der sie behauptete, Facebook habe gegen Antidiskriminierungsgesetze verstoßen, indem es Unternehmen erlaubt habe, ihre Stellenanzeigen (zum Beispiel für Lkw-Fahrer, Dachdecker und Mechaniker) speziell auf Männer auszurichten.

[6] „What Makes You Click: An Empirical Analysis of Online Dating" (2005, University of Chicago, MIT)

[7] „Eine im Jahr 2001 vom Rochester Institute of Technology durchgeführte Umfrage unter Firmeneigentümern mit einem Hochschulabschluss in Betriebswirtschaft fand heraus, dass Geld nur für 29 Prozent der Frauen der primäre Motivationsfaktor war, gegenüber 76 Prozent der Männer. Frauen bevorzugten Flexibilität, Erfüllung, Autonomie und Sicherheit." Warren Farrel, „Why Men Earn More", 2005.

[8] Hedges & Nowell 1995, „Sex differences in mental test scores, variability, and numbers of high-scoring individuals".

[9] J. Craig Venter Institute (2007), „First Individual Diploid Human Genome"

[10] IQ-Auswertung in Schottland 1932, prozentuale Geschlechterverteilung nach IQ-Wert, Stichprobenumfang: 79.376, Elfjährige. (Bron, „Scottish Mental Survey", 1932)

[11] Tomasi & Volkow 2014, „Gender differences in brain functional connectivity density", www.ncbi.nlm.nih.gov/pubmed/21425398.

[12] Kim Wallen, „Male monkeys prefer boys' toys", „New Scientist".

[13] Wenn Sie besser verstehen wollen, warum sich Menschen voneinander unterscheiden, ist es hilfreich, sich in die Soziobiologie zu vertiefen. Soziobiologie, oft auch „evolutionäre Biologie" genannt, ist der Zweig der Biologie, der den evolutionären Ursprung sozialen Verhaltens bei Tieren und Menschen untersucht.

[14] „The Effect of Physical Height on Workplace Success and Income", „Journal of Applied Psychology", 2004.

[15] In diesem Zusammenhang ist es angemessen, darauf hinzuweisen, dass es im frühen 20. Jahrhundert in Ländern wie den USA, Kanada, Deutschland, Ungarn und Russland Quoten gab, um die Anzahl der Juden an Universitäten zu begrenzen: https://en.wikipedia.org/wiki/Jewish_quota.

[16] „More than 40% of domestic violence victims are male, report reveals", „The Guardian", 05.09.2010.

[17] Bemerkenswerterweise haben in Ontario, Kanada, Sikhs die Erlaubnis, beim Motorradfahren einen Turban anstelle eines Helms zu tragen („The Canadian Press", 11.10.2018).

[18] Gijsbert Stoet, David C. Geary, „The Gender-Equality Paradox in Science, Technology, Engineering, and Mathematics Education", 14.02.2018.

[19] US Census Bureau, „2016 American Community Survey".

[20] AT5, 12.03.2015.

[21] nos.nl/artikel/2181613-witte-sollicitant-met-strafblad-kansrijker-dan-een-allochtoon-zonder.html

[22] Sheryl Sandberg, eine feministische Führungskraft bei Facebook, warnte im Jahr 2018 vor einem „Metoo-Backlash". Männliche Manager zögerten, Frauen einzustellen.

[23] SEOR (2010), „Techniek: Exact goed?".

[24] Der Politikwissenschaftler Robert Putnam führte eine umfangreiche Untersuchung 40 amerikanischer Städte durch. Er kam zu dem Schluss, dass eine größere Diversität zu einem geringeren sozialen Zusammenhalt führt, sogar innerhalb der ethnischen Gruppen selber. Er schrieb darüber in „Bowling Alone" (2000).

eigentüm

Eigentum

und Recht

und Freiheit

lich frei